7 マネジメント基本全集
The Basics of Management

経営財務 Finance
ファイナンス

財務管理とコーポレートガバナンス

大倉 学・鈴木 基史 著

学文社

執筆者紹介（執筆順，現職・執筆担当・主要著書）

鈴木　基史（すずき　もとふみ）　富山大学経済学部准教授　　第1・2・3・4・5章担当
明治大学大学院経営学研究科博士後期課程単位取得退学
『ケースで学ぶ企業財務分析』（編著）中央経済社，2006年
『国際財務会計論』（共著）税務経理協会，2005年
『コーポレート・ガバナンスの多角的研究』（共著）同文舘，2001年

大倉　学（おおくら　まなぶ）　明治大学経営学部教授　　第6・7・8・9・10・11・12章担当
明治大学大学院経営学研究科博士後期課程退学（2年在籍）
『初級簿記の知識』（分担執筆）日本経済新聞社，2006年
『会計の戦略化　経営環境の変化と会計』（分担執筆）税務経理協会，2002年
『現代簿記要説』（分担執筆）中央経済社，1997年

はしがき

　企業のおかれている経済的・社会的環境の変化はいちじるしく，企業行動にさまざまな変化をもたらしているが，近時，ビジネスの共通言語といわれる会計情報を律する法規類・会計基準類も国内外の環境変化を受けて変革のときを迎えている．法規類では会社法や金融商品取引法の制定によって，従来とは異なるさまざまな法規類が企業行動にも影響を及ぼし，また，いわゆる会計ビッグバンと称される一連の会計基準の見直しや新規の会計基準制定によって，より高度で洗練された会計情報の作成・公表が求められている．こうした一連の動きの中では，従来重視されてきた原価情報に加えて時価に関するさまざまな情報の重要性が再認識され，従来からのファイナンス手法を用いた財務的意思決定との関連性も注目されるに至っている．

　本書は，企業財務という視点から，財務会計の領域とファイナンスの領域に関して，この変革期にある現状とこれからの展望を概説するものである．

　第Ⅰ部「財務の基本」では，財務管理の基本的な知識を確認するために，企業の根源的財務基盤である資本の調達とその運用における検討視点を概説し（第1章），その資本を具体的に運用形態へと転化する源泉である金銭（現金）の財務的価値把握の視点を説明する（第2章）．そして，こうした金銭（現金）の状況が財務会計の領域ではどのように情報化され，外部に伝達されているのかを説明する（第3章）．

　第Ⅱ部「投資意思決定」では，第Ⅰ部での基本知識に基づき，企業行動としての投資行動におけるファイナンスの視点からその概容を説明し（第4章），近時，金融商品取引との関係で注目されている金融派生取引，すなわちデリバティブとこれを用いたヘッジに関して，その取引概容と会計処理について説明する（第5章）．ここは，会計処理方法に言及するので，複式簿記の基本的な知識が求められる．

　第Ⅲ部「会計の基本」では，財務会計を支えるわが国の会計制度について説

はしがき

明する（第6章）．先に述べたように，わが国における会計制度は，いくつかの法規類と会計基準類によって構成されているところから，ここでは，これら法規類および会計基準類の規定内容と，それらが指向する会計目的観が検討される．さらに，会計情報がそもそもどのようなものであるのか，またはどのようなものであるべきなのかを検討する際に重視されている基本概念を第7章で解説する．

第IV部「企業価値と財務諸表」では，まず，会計制度を巡るわが国の現状での大きな問題点である，会計基準の国際的コンバージェンス問題に関して，その歴史的経緯と現状，これからの問題点を解説する（第8章）．そのうえで，貸借対照表に関係する会計情報について近時法規類や会計基準類の変更によって影響を受けたり重要点として指摘されたりする個別論点を会計処理を含めて解説し（第9章），損益計算書に関係する会計情報についても同様の視点からの解説を行う（第10章）．ここでは，収益と費用に関する概容にも触れ，企業の経済的価値増殖をその発生源泉面（原因面）から捉えようとする収益・費用についての種々の考え方を示している．

第V部「ディスクロージャーと新たな課題」では，まず，現行の会計制度のもとで，会計情報がどのような手段をもって提供されているかの形式面についての解説を行い（第11章），本書のもうひとつの視点であるファイナンスの領域において示されている新たな検討視点を概説している（第12章）．

なお，本書の刊行をお引き受けいただき，きめ細やかな編集校正を進めていただいた学文社の田中千津子社長をはじめスタッフの皆様に心から感謝申し上げる．

2007年8月

駿河台にて

執筆者代表　大倉　学

目次

第Ⅰ部　財務の基本

第1章　財務管理の役割 …………………………………… 3
1. 資本の調達　3
2. 資本の運用　11

第2章　現在価値と将来価値 …………………………… 18
1. 貨幣の時間価値　18
2. 現価係数と年金現価係数　22
3. キャッシュ・フロー　23

第3章　資本コスト ……………………………………… 39
1. キャッシュ・フローと割引率　39
2. リスクの考え方　40
3. 投資家からみた投資リスク　41
4. 企業からみた資本コスト　42

第Ⅱ部　投資意思決定

第4章　投資行動 ………………………………………… 49
1. ポートフォリオ　49
2. 財務政策　54

第5章　デリバティブとヘッジ ………………………… 60
1. デリバティブ　60
2. ヘッジ　64

第Ⅲ部　会計の基本

第6章　会計制度と会計目的 …………………………… 73

 1.「会社法」　74

 2.「金融商品取引法」　75

 3. 会計基準　77

 4. 会計目的　92

第7章　会計情報の質的特性・構成要素 …………………………… 98

 1. 質的特性　98

 2. 構成要素　104

第Ⅳ部　企業価値と財務諸表

第8章　会計基準の国際的コンバージェンス（収斂） ………… 115

 1. 国際会計基準をめぐる史的展開　115

 2. わが国の会計制度改革（会計ビッグバン）　118

 3. 会計基準の国際的コンバージェンスの国際的展開　122

 4. コンバージェンスに対するわが国の動き　124

第9章　ストック・バリュー ……………………………………… 129

 1. 棚卸資産会計　129

 2. 有形固定資産　130

 3. 無形固定資産　137

 4. 繰延資産　141

 5. 退職給付引当金　141

第10章　フロー・バリュー ……………………………………… 148

 1. 税効果会計　148

 2. 収益会計　157

 3. 費用会計　162

第Ⅴ部　ディスクロージャーと新たな課題

第11章　ディスクロージャー制度 ……………………………… 169

1. 貸借対照表の形式と特徴　　170
　　2. 損益計算書の形式と特徴　　173
　第12章　経営財務の新たな課題 ………………………… 178
　　1. コーポレート・ガバナンスとファイナンス　　178
　　2. M&Aと財務管理　　183
　　3. 行動ファイナンス　　187

索引 ………………………………………………………… 193

第 I 部
財務の基本

- 第 I 部 財務の基本
  - 第1章 財務管理の役割
  - 第2章 現在価値と将来価値
  - 第3章 資本コスト

- 第 V 部 ディスクロージャーと新たな課題
- 第 II 部 投資意思決定
- 第 IV 部 企業価値と財務諸表
- 第 III 部 会計の基本

経営財務 ファイナンス

第1章の要約

　企業（株式会社）の財務を考察するにあたっては，まずその資本を構成する資金調達の態様とその意義，ならびに投下目的や投下過程を理解する必要がある．資本は，伝統的な財務論の領域では，株主資本（いわゆる資本金）と負債とに大別されたうえで，その調達市場の相違（直接金融・間接金融），コストの相違，持分の相違という視点からの分析が行われてきた．それは，資本の運用を視野に入れたうえで，株主資本と負債の最適な組み合わせの問題として把握されてきた．しかし，近時の資本調達はさまざまな手法が開発された結果多様化しており，特に負債としての調達・運用態様が複雑化している．本章では，企業財務を学習するための基本として，資本（資金）の調達およびその運用をとりあげるものである．

第1章　財務管理の役割

1. 資本の調達

(1) 伝統的な資金調達

　企業の資金調達をその源泉面から，すなわち貸借対照表の貸方側（右側）からみた場合，自己資本部分と他人資本部分とに大別して把握することが一般的な解釈である（図表1－1）．

図表1－1

(借方)	貸借対照表	(貸方)
資　産 （資本の運用形態）	負　債 （他人資本）	
	純資産 （自己資本）	

　貸借対照表の貸方は，企業が資産として具体的に運用している資金の調達源泉を示すものとしてみることができる．調達源泉であるという意味では両者には同質性があり，会計学の領域ではこれを，

　　　資　産　＝　負　債　＋　純資産

という，貸借対照表等式として示すものである．

　純資産の構成は，厳密には（会社法規定によればという意味であり，第6章を参照されたい．）株主資本以外の構成要素を含むものであるが，本章では，株式発行を媒介として調達された株主資本を示す部分としてみることとする．

　企業にとっての運用資金がどのような調達源泉によってもたらされたものであるかという視点からのこうした分類は，返済義務の有無および法規制の視点からみた，投資者の有する持分を整理する際に有用である．すなわち，他人資

本は返済義務をともなう資金調達源泉であり，自己資本は原則として返済義務をともなわない資金調達源泉であるとの区別が一覧的に把握できるということである．

　一方で，資金の調達手段として，それが直接金融市場で行われたものであるのか，間接金融市場で行われたものであるのかという，市場の態様からの分類を理解することが重要である．バブルの崩壊，制度改革としての規制緩和を経て，わが国企業の資金調達が間接金融中心型から直接金融中心型へと移行しつつあるといわれるところであるが，このような表現において想定されている間接金融というのはその中心が金融機関依存型の資金調達であり，直接金融は有価証券の発行をともなう資金調達である点に注意する必要がある．

　資金調達の源泉をみる場合，こうした分類から検討される場合が多いが，さらに，それが一般投資家に向けて行われた公開型のものであるのか，特定の取引先を対象とした相対のものであるのかも視点として設定することが有効である．すなわち，直接金融型であれ間接金融型であれ，資金拠出者がどのようなものであるかを整理しておく必要があることを意味する．

　1990年代以前までのわが国企業の資金調達は，銀行を中心とする相対的な資金調達が中心であったと指摘されるところであるが，その後はこの間接金融型資金調達を大きな枠組みとして維持しながらも資金調達方法の多様化が見受けられるようになった．すなわち，もっぱら借入金依存型の資金調達に加えて，証券市場を通した有価証券発行による資金調達がみられるようになったのである．ただし，有価証券の購入者，資金提供者としては，メインバンクとしてその機能を維持し続ける金融機関であったことは資金調達構造としては大きな変化とはいえないであろう．

　ここで，金融機関借入による伝統的資金調達と，証券発行をともなう借入による伝統的資金調達の特徴をまとめると以下のようになる．

【金融機関借入による伝統的資金調達】
　　手段：銀行借入（CP）

期間：短期・中期・長期・超長期

対象：特定相対・不特定少数・不特定多数

担保：一般担保・特定担保

【証券をともなう借入による伝統的資金調達】

手段：社債（普通・転換・制限条項付き転換）

種類：上級債・劣後債・下級債

格付：投資適格・ジャンク

期間：短期・中期・長期・超長期

償還：満期・繰上・抽選

対象：特定相対・不特定少数・不特定多数

このような伝統的な金融機関依存型の間接金融制度のもとでは，株式発行による株主資本の調達も，メインバンクを中心とした機関投資家を資金提供者として想定していた点にわが国の特徴がある．そこでは，長期保有を前提とした事業会社と機関投資家との依存関係が措定されており，結果として株式の持合いという相互依存のスキームという別の問題点を生み出したのである．

こうした動きは，振り返れば1960年代の証券不況における株価維持の方策としてとられた，当時の日銀資金を援用した日本証券保有組合と証券業界による日本共同証券による大規模な株式買い取り，およびその後の放出を原因とする株価下落を危惧した金融機関や大企業による株式の買い取りにその端緒をみることができる．

昨今のエクイティファイナンスの隆盛の背景には，1980年代に見受けられた製造業を中心とする国際的競争力の向上がある．国際的な貿易黒字に裏打ちされた輸出および当時の円高を背景に，資金調達能力を高めた企業は伝統的な金融機関依存型の資金調達から，市場を対象とした多種多様な有価証券の発行による直接金融型の資金調達へとシフトしていったのである．ここに，長期的な依存関係を背景とした金融機関によるエクイティファイナンスへの積極的参

加が重なり，資金調達の形態としては，直接金融への動きととらえられながらも，金融機関を中心とした機関投資家の参加によって相互持合い，相互依存はさらに強まっていくのである．

1990年代に入りバブル経済の崩壊とともに，こうしたメインバンク中心の間接金融体制は破綻と表現されてもおかしくない大きな変革期を迎えることとなった．株価の暴落とその後に起こった地価の暴落は，企業側では特に貸借対照表において示される資産価値の暴落を招き，一方で金融機関側では適正な投資効率から大幅に乖離した信用創造の崩壊を経験させることとなった．

ここに企業としては，株主資本（現在は自己資本）利益率（ROE）の大幅な低下に顕著に見受けられるように本格的な財務リストラへと進む必要性があったのである．メインバンクを背景とした非効率な資金調達や，貸借対照表の貸方側の構成を適正化するためにも資金調達面での財務管理の重要性が認められるのである．

(2) エクイティファイナンスによる資金調達

バブル崩壊後，金融システムの混乱を受けて，企業経営とりわけ資金調達源泉として重要な地位を占めてきた金融機関との関係に大きな変革が見受けられたことは前述のとおりである．いわゆる株式の相互持合いの崩壊が現象的には顕著であったが，企業側に強い資金調達能力が備わったこともその一因であった．

一方では，金融機関側にもそうした動きを加速させざるをえない状況があった．それは，BIS（国際決済銀行）による銀行の自己資本比率に係る規制であった．高株価の時代は，含み益を自己資本に算入する方式で一定の比率を維持することができたが，一転株価の下落が発生すると自己資本比率の維持が困難となったのである．自己資本比率改善のための効率的な方策は含み益のある株式の売却を通した確定的価値増加としての利益の計上であった．

このような経済環境の変化は，企業自らが企業財政，財務の自立を図らなければならないという問題を提起し，事業リストラとともに財務リストラとして

企業の資金調達活動にも大きな変化をもたらした．

　顕著であったのは，企業の事業パフォーマンスの観点として株主価値重視の観点が株主重視政策とともに顕在化してきたことである．株主価値をどのようにとらえるかにはさまざまな見解があるが，資本効率の改善とともにキャッシュフロー創出能力が重視されたことは特徴的である．後の章で触れるところであるが，こうした財務的視点の変化が，財務管理の役割を規定する関係にあるところは注意しなければならない．さらに，事業リストラ，財務リストラの動きのなかで従来のわが国にみられなかった新しい動きは，M&Aを重要な経営戦略とするものであるが，この点に関しては後に詳述するものとする．

　資金提供者を金融機関として相対的にとらえていた時代からの変化は，資金提供者を公開型へと展開させ，その手段は有価証券の発行による直接市場型への移行であった．

　一般に，エクイティファイナンスとは，株式の発行による資金調達のことを指し，社債など将来の返済（償還）をともなう証券（債権）の発行による資金調達のことはデットファイナンスと称する．このように狭義には，先に示した貸借対照表で純資産の部を増加させるような資金調達がエクイティファイナンスであり，負債の部を増加させるような資金調達がデットファイナンスである．

　最近は後に触れるように，デットファイナンス（負債証券）の多様化が進み，負債証券の発行による資金調達をすべて含めて，広義の意味でエクイティファイナンスと称する場合があり，本章でもこの広義の意味において用いることとして，以下エクイティファイナンスに関する基本的事項を解説することとする．

　株式は一般に時価発行増資というかたちで行われ，割当て方法としては株主割当，第三者割当，公募割当のいずれかによって行われる．この場合に問題とされる資本コストに関しては第3章で触れることとし，ここでは株式発行による資金調達に係る意思決定の際に問題とされる1株当たり利益への影響についてみることとする．

　株式を発行することにより，当然発行済株式数が増加し，結果として1株当

たり利益を押し下げる（希薄化させる）ことが企業にとってマイナス要因となるのではないかとの指摘がある．発行時点のみに視点を設定すると計算上はそのように思われるかもしれないが，株価の水準が高い（したがって株価収益率が高い）場合には，新規に調達された資金を新たな投資に回したり，既存の借入金返済にあてたりすると，1株当たり利益は必ずしも希薄化するとは限らないという点は確認しておく必要がある．株価水準が高い場合には，株式発行時の発行価格が高く設定できるところから，発行株式数は少なくてもすむという場合が想定され，結果として一定の条件下ではむしろ1株当たり利益が高まることがあるのである．簡単な数値例で示すと以下のようになる．

今，発行済株式数が1,000株で一株当たり利益が10円（税引後利益が10,000円）である企業が，時価発行増資で12,000円の資金を調達するとする．調達された資金がある特定の投資戦略のもとに投下され，10%の（税引前）投資収益率をもたらすと仮定する．法人税率は40%を想定する．

この場合，新規投資によって期待される税引後利益は，12,000円 × 10% × （100% − 40%）で720円である．

もしここで発行価格が24円の場合を想定すると，新規発行株式数は12,000 ÷ 24円 = 500株となるので，増資後の1株当たり利益 =（10,000円 + 720円）／（1,000株 + 500株）= 7.146円となり，増資後の1株当たり利益は低下することとなる．

一方で，発行価格が200円の場合を想定すると，新規発行株式数は12,000 ÷ 200円 = 60株となるので，増資後の1株当たり利益 =（10,000円 + 720円）／（1,000株 + 60株）= 10.113円となり，増資後の1株当たり利益は高くなる．

金額を極端に小さくした例ではあるが，高株価での（高い株価収益率での）時価発行増資が行われる場合には，新規株式発行によるエクイティファイナンスが必ずしも既存株式の希薄化を招くとは限らないことを確認されたい．

1株当たり利益の視点からは，このように高株価状態下では，この資金調達方法が財務管理的に有利に働く場合があることを確認したうえで，株価収益率

や資本利益率の視点からは，資本コストとの関係を考慮しなければならないことはさらに第3章で確認する．

　将来の返済義務をともなう負債としての資金調達は多様化が激しく，社債という証券に関しても多様化しているばかりでなく，資産担保証券やシンジケートローンを通じたものなど多岐にわたっている．ここでは，その概要を確認することとする．

　まず，社債に関しては，2002年の「商法」改正によって概念が整理されたものとして，転換社債型新株予約権付社債と新株予約権付社債とを整理しておく必要がある．旧来より，前者は転換社債，後者はワラント債と称されていた物である．

　転換社債型新株予約権付社債とは，発行後，一定の期間内に一定の条件で当該証券の発行会社株式に転換できる権利を付した社債のことである．発行主体としての企業からみれば，社債権者の転換前までは通常の社債と同様に利子の支払いが必要であり，転換後は株主という立場になるところから配当支払いの必要性が生じることとなる．すなわち，発行時点ではデットファイナンスであるものの，狭義のエクイティファイナンスになる潜在的な可能性をもっているという種類のものである．

　これに対して，新株予約権付社債とは，発行後，一定の期間内に一定の価額または株数で新株の発行を請求できる権利を付した社債のことである．転換社債型新株予約権付社債が転換とともに社債は消滅するのと違い，新株予約権付社債は発行請求後も社債は継続して存在する点が両者の大きな違いである．発行主体としての企業からみれば，社債権者に対する利子の支払いは償還期間に継続的に行われることになる（社債権者側からみれば，予め設定された契約上の一定の株価以上に市場での株価が上昇した時点での発行請求をすることでキャピタルゲインを得ることができる）．

　新株予約権付社債の発行による資金調達に係る意思決定の際に問題とされる点は，株価が上昇して転換が行われた場合と，上昇せずに転換が行われなかっ

た場合とでは，当初より普通社債を発行したうえで新たに株式を発行したと想定するケースや，当初より株式を発行したとするケースなど種々の視点から検討しなければならないということである．株価ベースによってメリット・デメリットの双方が想定されることに注意しておかなければならない．

次に資産担保証券の発行についてであるが，これは不動産などの（有形）固定資産などを証券化したものである．流動性の低い資産を証券化して流動性の高い金融商品とする方法は，1990年代に法制が整備されたものであり，次のようなシステムによって行われる．

企業が保有する特定の資産の使用権は従前通りに保持しながら，その所有権部分を分離して特定目的会社（SPC）や信託などの組織に譲渡し，そこで当該所有権を小口かつ多数の証券に転換して販売する方法が一般的にとられる．証券化された金融商品は，資産担保証券やREIT証券などの名称で知られるところである．

ここでは，近年注目を浴びているREITを概説する．これは企業の保有する不動産に関して，その使用権は企業に帰属させたままその所有権を分離して証券化するものである．歴史的には不動産関係会社に対する投資商品としてアメリカで考案されたものと解されているが，わが国法制のもとでは，特定不動産を対象とした金融商品を指すものである．

資金の流れとしては，媒介となる投資法人が投資家から資金を集めて投資信託会社に資金を委託し，当該投資信託会社が当該資金を元手に不動産を購入して，その不動産から得られる便益（たとえば家賃収入など）を配当するというものである．投資家側からすれば新しい金融商品として投資対象の多様化として受け止められているが，企業側からみれば，稼働率の低い不動産（固定資産）の流動化手段として注目を浴びている手段であるといえる．

負債としての資金調達の最後として，シンジケートローン（協調融資）について確認する．これは2000年以降，伝統的な銀行依存型のケースにおいて見受けられた，金融機関側での信用リスクの集中を多数の貸手が分散負担する形

式で行われる融資のことである．資金調達をする企業側からみれば，相対的な特定金融機関との長期的関係にとらわれることなく，多数の資金提供者を相手とした資金調達を意味することになり，実質的には市場を相手とした資金調達手段とも理解することができるものである．

2. 資本の運用

　調達された資金を運用するに際しては，投下された資金の事後的な正味現在価値がプラスになるような行動をとることが，企業の価値増殖をもたらす結果を生みだすのであり，その判断が重要となる．資本の運用，投下にはさまざまな判断基準があり，ここではその基本視点として，回収期間の視点，会計的判断の視点，正味現在価値の視点，キャッシュ・フローの視点の理解を通して財務管理の視点からの検討の必要性を確認することとする．

(1) 回収期間の視点

　回収期間の視点とは，投資の回収について，期間を主たる判断基準として意思決定をする行為のことである．ある投資をする際に，その投資金額がどれほどの期間で回収可能であるかを予測し，それが目標値よりも小さい場合に資本の運用・投下するかどうかを決定するという内容である．この方法は，単一プロジェクトを対象とする場合において非常に簡便な方法であるものの，いくつかのプロジェクトの比較検討を行う場合や後の章で解説するキャッシュ・フローの予測などいくつかの複合的な要素が介入するといくつかの欠点をもつものとなる．

　複数プロジェクトの投下資本回収状態を期間との関係で検討する場合，単純な回収額（キャッシュ・フロー）の比較では適正な比較ができない場合が多い．それは，複数プロジェクト間で，回収される総額が同一であったとしても，その回収タイミングが早いか遅いかで正味の回収価値，ひいては価値増殖が異なる場合があるからである．これは，貨幣の時間価値を考慮するか否かという問

題に関わるものであり,詳細は第2章で解説することとする.(当初投資額に関する回収キャッシュ・フローを一定の利子率で割り引くことによって,時間価値を考慮した回収期間を計算する方法もあるが,この場合においても以下に示すような欠点を内包することに相違はない.)

次に,回収期間の視点からの検討で問題となるもうひとつの点は,企業が想定している回収期間を越える期間に関するキャッシュ・フロー(リターン)が考慮外におかれる危険性のあることである.特に投資効果が長期的に発生するようなプロジェクトに関しては,この傾向が顕著であり,結果として短期的視野にたった意思決定がなされがちになるという欠点が指摘される.

最後に,これは上述の点とも関係するものであるが,そもそも回収期間をどのように設定すべきかという客観的指標が求めにくいという問題がある.すなわち行動目標の決定に,何らかの主観性・恣意性が介入してしまうという問題が残ることを意味するのである.

(2) 会計的な視点

次に会計的な判断視点についてであるが,これは会計情報を用いた投下資本利益率による判断としてみることができる.投下資本利益率は,基本的に投下した資本から嫁得された会計情報としての利益を,投下資本額で徐した割合(率)として求められる.利益情報としては金利調整をしたもの,しないもの,さらには税引前のもの,税引後のものいずれかを使用するか,また投下資本額の会計情報としては,たとえば投下対象資産の帳簿価額として取得原価を用いるか,減価償却累計額を用いるか,減損損失を考慮するか否かとさまざまなものが用いられうるが,それはどのような投下資本利益率を算出したいのかという企業の判断に依存するものである.会計情報を用いる判断において検討すべきは,財務諸表情報である会計情報を用いるという意味においては,一定の制度のもとで作成・公表された客観性のある,社会的承認を得た信頼にたる情報を用いたものであるという意味における長所が指摘されるということと,一方

で，現行の会計制度では発生主義的費用認識（第10章で詳述）がなされているところから，ある程度の仮定計算が用いられているので，純粋なキャッシュ・フロー情報とはズレが生じているという短所も指摘されるということである．また，回収期間の箇所でも触れたが，会計情報の多くは貨幣の時間価値を考慮していない点も注意しておく必要がある．

近時の会計情報算出過程においては，たとえば退職給付引当金の計上やリース取引における各種会計情報の算出において貨幣の時間価値を考慮した割引計算が行われているものの，その多くは実際の取引当事者の合意のもとに成立した契約上の確定金額が測定基礎として記録されているので，貨幣の時間価値を考慮する必要があるという視点からは問題が残るのである．

(3) 正味現在価値の視点，キャッシュ・フローの視点

正味現在価値の視点とキャッシュ・フローの視点は密接に関係するものである．

これは会計上の利益情報を用いるのではなく予想キャッシュ・フローを用いることで会計情報作成時に介入する仮定計算，ひいてはある程度の恣意性の介入を排除できるという長所がまず指摘できる．また，回収期間の枠組みをはずすことによって当該プロジェクトのライフサイクル全体のキャッシュ・フローを対象とする長所，さらには貨幣の時間価値を考慮することによる実質的な経済性比較が可能となるという長所がそれぞれ指摘される．

資本の運用・投下に関する意思決定においては，このように正味現在価値の視点，キャッシュ・フローの視点から行うのが合理的とされるが，ここにも注視すべき点がいくつか存在する．

まず，キャッシュ・フローをどのようにとらえるべきかという，キャッシュ・フローの意義に関する問題がある．キャッシュ・フローの内容をどのようにとらえるかについては歴史的にもさまざまな見解が示されている．それを現金のみに限定する考え方が最も単純かつ簡潔であるが，この場合においても現金というものを硬貨・紙幣に限定するか，要求払い証券や預金にまで拡大し

てとらえるかという検討が必要である．また，キャッシュ・フローを運転資本としてとらえる見解もある．ここに運転資本とは流動資産から流動負債を控除したものであり，その意味では会計情報を援用しているところから，先に触れた問題点が残ることとなる．最後に，近時のキャッシュ・フローに対する情報ニーズの高まりから会計制度上も概念整理がなされており，キャッシュ・フロー計算書で報告対象となるキャッシュ・フロー概念が確定しているところから，それをもってキャッシュ・フローととらえるのが一般的といえよう（キャッシュ・フロー計算書上のキャッシュ・フロー概念については次章で詳述）．

次に，キャッシュ・フローの算定におけるいくつかの問題点であるが，これに関しては，埋没費用と機会費用といわれるものの取扱いが検討されなければならない．

埋没費用とは，たとえばあるプロジェクトを実施するか否かの意思決定に先立って先行調査をしたとした場合，その結果に実施可能性がみられたことによる最終意思決定を，キャッシュ・フロー算出およびその現在価値計算から行おうという際に先行調査に要した部分のことである．これを最終判断に用いるキャッシュ・フローに含めるべきかが検討されなければならないが，過去のキャッシュ・アウトフローのうち回収不能と判断されるものは算入すべきではないと考えるのが一般的である．

機会費用とは，あるプロジェクトを実施することにより他のプロジェクトの実施機会を失うことになる場合に，失うことになるプロジェクトから享受できたであろう利益のことである．この機会費用に関しては，比較対象プロジェクトの性質により厳密に検討する必要があるが，一般にプロジェクトの経済性を厳密に算定するためにはコストとして算入すべきと考えられている．

(4) キャッシュ・フローの予測計算

あるプロジェクトに対する資本運用・投下の判断に関しては，ここまで述べてきたようにキャッシュ・フロー予測が求められる．

キャッシュ・フローは，最近，経営指標としても重視されているフリー・キャッシュ・フローという用語がさまざまな意義をもって解されているように，さまざまな視点から分解し，またさまざまな企業行動に関連せしめて計算することができる．

資本の運用・投下の判断指標としては一般にネットキャッシュまたは純現金収支というものが用いられる傾向にあるが，ここにフリー・キャッシュ・フローは次のように計算される．

フリー・キャッシュ・フロー ＝ 事業からのキャッシュ・イン・フロー
－ 投資へのキャッシュ・アウト・フロー

ここで事業からのキャッシュ・イン・フローは，
（営業利益）×（1－法人税率）＋減価償却費として求められ，（計算式の意味に関しては第2章を参照されたい）

投資へのキャッシュ・アウト・フローは，「運転資本額＋設備投資額」として求められる．

この計算式から求められるキャッシュフローは，名目的見積値であるところから，投資判断として貨幣の時間価値を考慮した現在価値計算を行う際には，さらにどのような割引率を選択するかが問題となる．企業が資本の運用・投下を行うに際しては，当該プロジェクトの性質から，その企業にとって適切な割引率を用いることが重要であることが指摘される．

演・習・問・題

問1　貸借対照表の借方（左側）と貸方（右側）が何を示しているか説明しなさい．
問2　企業が資本を調達する意義を説明しなさい．
問3　企業が資本を運用する際に重要な視点を説明しなさい．

参考文献

グロービス・マネジメント・インスティテユート（2005）『MBA ファイナン

ス』ダイヤモンド社

山澤光太郎（2005）『ビジネスマンのためのファイナンス入門』東洋経済新報社

井手正介・高橋文郎（2006）『ビジネスゼミナール　経営財務入門』日本経済新聞社

Lichard, A. B., Stewart, C. M. and Franklin, A. (2006) *Principles of Corporate Finance,* The McGraw-Hill.（藤井眞理子・国枝繁樹訳『コーポレートファイナンス（第8版）』日経BP社，2007年）

《推薦図書》

1. 永吉一郎・大森正道（2001）『企業・銀行の役割と財務問題』日本経済新聞社

   高度成長期からの日本企業の財務政策における変化を財務分析手法による解明を試みる．

2. 阿部文雄（2003）『投資行動の理論』大学教育出版

   企業の投資行動を企業価値最大化の視点から解説．

3. 金児昭監修，NTTビジネスアソシエ株式会社（2006）『会社「経理・財務」の基本テキスト』税務研究会出版局

   財務スキル検定「FASS」の認定テキストであり，最新の会社法規定もカバーしている基本書．

第2章の要約

　企業財務を対象とする際には，貨幣の価値に関する基本的な知識が必要である．一般の家計消費において，貨幣は名目的な価額でその経済的価値の大きさが確認される．これは現在手許にある現金を，その金額的大きさでとらえて，現在の購買力をもって把握しようとするからである．

　しかし，貨幣には時間の経過とともにその価値を増殖させるという特徴があり，さまざまな財務的考察を行ううえにおいては，その時間的経過を勘案した検討が必要となる．

第2章　現在価値と将来価値

1.　貨幣の時間価値

　ファイナンスを学んでいくうえで，いくつかの基本事項を理解する必要があるが，本章では，貨幣の時間価値（Time Value of Money）について学ぶこととする．

　貨幣は一般的な家計消費活動では名目的な貨幣係数で把握されるものであり，言い換えれば評価の対象とは意識されずに，通常はもっぱら確認の対象とされて意識されているものである．たとえば手元に1万円札が1枚あるとき，この1万円札を評価するということを意識することは少なく，単に1万という貨幣係数を確認することが多いことは経験的に理解されることと思われる．

　しかし，ファイナンスの領域では，たとえば後の章で学ぶキャッシュ・フローに関して，企業のキャッシュ・フロー創出能力を把握する場合や，さまざまな投資意思決定を行う場合などにおいて，貨幣の時間価値という考え方は重要な判断指針となる．

　貨幣の時間価値とは，簡潔にいえば，現在のX円と，将来の（名目的には同額の）X円とは価値が異なるという考え方である．ここに，現在における貨幣の価値を現在価値（Present Value：PV）と称し，将来のある時点における貨幣の価値を将来価値（Future Value：FV）と称する．
簡単な例で説明しよう．
【例題1】
　100,000円を手にする権利が与えられているとして，そこには，今，100,000円を手にする方法（前払い）と5年後に100,000円を手にする方法（後払い）との2つの選択があるとする．どちらを選択すべきであろうか．
　貨幣には無制約な支払手段充当性があるところから考えると，今，100,000円を手にした場合，この100,000円を預貯金したり他の財へと投資することが可能となるが，一方で5年後に受け取るという選択をした場合，5年間は貨幣

を自由に用いる可能性が拘束されることを意味する．

　これを，今，手にした 100,000 円を預貯金した（国債購入なども想定できる）としよう．計算例を簡単なものとするため金利を 10% とすると，

$$1 \text{ 年後} = 100{,}000 \times (1+0.1) = 110{,}000 \text{ 円}$$
$$2 \text{ 年後} = 100{,}000 \times (1+0.1)^2 = 121{,}000 \text{ 円}$$
$$3 \text{ 年後} = 100{,}000 \times (1+0.1)^3 = 133{,}100 \text{ 円}$$
$$4 \text{ 年後} = 100{,}000 \times (1+0.1)^4 = 146{,}410 \text{ 円}$$
$$5 \text{ 年後} = 100{,}000 \times (1+0.1)^5 = 161{,}051 \text{ 円}$$

と計算することができるので，5 年後に 100,000 円を手にするよりも，今の時点で 100,000 円を手にしたほうが価値があると判断することができるのである（金利 10% で 5 年という資料から，100,000 円 + 利息 10,000 円 × 5 = 150,000 円と考えた方がいるかもしれないが，これは単利計算という方法によるものであり，一般には上に示したような複利計算が行われる）．

　ここで，この事例における 100,000 円に対して，161,051 円が将来価値といわれるものである．

　複利計算における将来価値を求める計算式は次のとおりとなる．

$$\text{将来価値} = \text{現在価値} \times (1+r)^n \quad : r = \text{利率（年利）}, n = \text{期間（年）}$$

　ここで示した例のように，ひとつの名目的貨幣係数を一定の期間のみを対象として将来価値を算定し，比較することは容易であるが，対象とする名目的貨幣係数が複数であったり，対象とする期間がいくつかある場合には，次に示すように現在価値の比較を行う方法が一般的に便宜性が高い．すなわち，将来のある貨幣係数（将来価値と考えて）を次の式でもって現在価値を求めたうえで比較することを意味する．

$$\text{現在価値} = \frac{\text{将来価値}}{(1+r)^n}$$

　一見してわかるように，これは先の将来価値を求める式を展開したものであ

り，このような割引計算における「r」を割引率（Discounted Rate）という．

将来価値を求める式においても，それを現在価値に割り引く式においても，「n」という期間概念が用いられていることを確認されたい．

先の例を用いて確認すると，

5年後の161,051円は，

$$161{,}051円 \times \frac{1}{(1+0.1)^5} = 100{,}000円$$

となり，5年後の161,051円の現在価値が100,000円と確認できる．

この，現在価値を用いて，5年後に100,000円を受け取る（後払い）を選択した場合の貨幣価値を計算すると

$$100{,}000円 \times \frac{1}{(1+0.1)^5} = 62{,}092円$$

となり，やはり今，100,000円を受け取ったほうが有利であることが確認できる．

現在価値を用いることで，複数オプションがある場合の選択が容易になることを確認しよう．

【例題2】

今，現金10,000円をすぐに受け取るという選択肢と，今年から毎年2,000円を6年間受け取るという選択肢が示されたとする．割引率は5%とする（事例の単純化のため，現金の受け取りは毎年末に行われるとする）．

この例で，受け取ることのできる現金の名目的貨幣係数は次のとおりとなる．

	×0年	×1年	×2年	×3年	×4年	×5年	合計
選択肢1	10,000	0	0	0	0	0	10,000
選択肢2	2,000	2,000	2,000	2,000	2,000	2,000	12,000

これを金利5%として現在価値を計算すると，

	×0年	×1年	×2年	×3年	×4年	×5年	現在価値
選択肢1	100,000	0	0	0	0	0	10,000
選択肢2	2,000	1,905	1,814	1,728	1,645	1,567	10,659

この計算から，選択肢2の方が経済的な価値が大きいということが判断できる．

これは諸条件を設けない単純な例であるが，名目的な貨幣係数を企業が獲得できるキャッシュ・フローと考えれば，事業モデルを選択する際や，現在行っている選択肢1に該当する事業を選択肢2に該当する事業へと変更するか等の意思決定に用いることができるであろうことが想定できる．

しかし，ここで注意すべきは，現在価値を用いる判断は貨幣の時間価値を斟酌した有意義な意思決定に資するという意味において便利なツールであるが，一方で，少なくとも次の2つの要素に配慮した考察が求められることである．

そのひとつは割引率に関するものである．【例題1】では割引率を10%とし，【例題2】では割引率を5%とした．この割引率をそれぞれの【例題】で逆に用いれば，それぞれの現在価値が異なる結果となることは容易に理解できよう．すなわち，現在価値計算を行う際には，そこで用いる割引率をどのように設定するか，どのような市場金利を前提として想定するかによって計算結果に影響がでるという「ブレ」を考えなければならないという点である．

また，将来の一定期間を想定した場合，現在の経済環境を充分に観察して割引率を設定したとしても，それは将来の環境変化によって変わりうるという点にも注意をはらう必要がある．環境変化が観察された場合，現在価値計算を固定的なものとしてとらえないことが求められる．

もうひとつは，将来の名目的貨幣の受け取りに係る問題である．【例題2】で，もし6年間に渡って受け取ることのできる貨幣が1,876円ずつであったとすると，

	×0年	×1年	×2年	×3年	×4年	×5年	現在価値
選択肢1	100,000	0	0	0	0	0	10,000
選択肢2	1,876	1,788	1,702	1,621	1,543	1,470	10,000

となり，現在価値は同価値として計算される．このような場合，選択肢1と選

択肢2のどちらも同等の経済価値をもつものとして考えてよいだろうか．将来の継続的なキャッシュ・フロー（ここでは現金の受け取り）が確実に保証されている場合（日本においては国債を想定されたい）は除いて，結果として選択肢1が選択されることになろう．その大きな理由は，毎年の現金受け取りのリスクの問題である．リスクを斟酌する場合，一般に割引率に一定のプレミアムを上乗せして計算するのが現実的である．

2. 現価係数と年金現価係数

現在価値の計算において（【例題2】の選択肢2のような），一定額のキャッシュ・フローが一定期間継続してなされることを前提とした場合，当該想定期間経過後の将来価値から現在価値を求める場合，現価係数という指標を用いると便利である．

現価係数は割引計算をする際に，将来価値に掛け合わされる係数部分のことであり，たとえば，割引率を10％，期間5年とすると，

$$1年の現価係数 = 1 \div (1+0.1) = 0.909$$
$$2年の現価係数 = 1 \div (1+0.1)^2 = 0.826$$
$$3年の現価係数 = 1 \div (1+0.1)^3 = 0.751$$
$$4年の現価係数 = 1 \div (1+0.1)^4 = 0.683$$
$$5年の現価係数 = 1 \div (1+0.1)^5 = 0.621$$

として求められる．

この現価係数を年次ごとに加算したものが年金現価係数と称されるものであり，この例からすると，

$$1年の年金現価係数 = 0.909$$
$$2年の年金現価係数 = 1.735$$
$$3年の年金現価係数 = 2.486$$
$$4年の年金現価係数 = 3.169$$
$$5年の年金現価係数 = 3.790$$

となる．

【例題 3】

4年後に 100,000 円を受け取る．年利 10% での現在価値はいくらになるか．

100,000円 × 0.683 = 68,300円　⇔　将来価値 × 現価係数

【例題 4】

1年に 100,000 円を 4 年間受け取り続ける．年利 10% での現在価値はいくらになるか．

100,000円 × 3.169 = 316,900円　⇔　将来価値 × 年金現価係数
∵ 100,000 × 0.909 = 　90,900
　 100,000 × 0.826 = 　82,600
　 100,000 × 0.751 = 　75,100
　 100,000 × 0.683 = 　68,300
　　　　　　　　　　　316,900

このように，現価係数，年金現価係数（数表としてまとめられている）を利用すると，一定額のキャッシュ・フローが一定期間継続してなされることを前提とした場合の計算は容易に行うことができる．

3. キャッシュ・フロー

前節まで，現金の受け取りを例としてとりあげながら，キャッシュ・フローという用語も用いてきた．ファイナンスの領域では，このキャッシュ・フロー（およびその現在価値）を重視するところから，本節ではそもそもキャッシュ・フローとは何か，その計算はどのように行われているのかをみていくこととする．

ファイナンスの領域においてはさまざまな説明がなされるところであるが，そもそも，キャッシュ・フローは会計上の概念であるところから，その視点からの解説を行うこととする．

キャッシュ・フローを問題とする場合のキャッシュの範囲は現金と現金同等物である．

$$\text{キャッシュ} \begin{cases} \text{現金} \\ \text{現金同等物} \end{cases}$$

まず，現金とは，手許現金および要求払預金をいう．要求払預金とは，顧客が事前の通知なしでまたは数日の事前通知により元本を引き出せる，期限の定めのない預金をいい，たとえば，普通預金，当座預金，通知預金が含まれる．したがって，預入期間の定めのある定期預金は，ここにいう要求払預金には該当しない．

次に，現金同等物であるが，現金同等物とは，容易に換金可能であり，かつ，価値の変動について僅少なリスクしか負わない短期投資をいう．現金同等物は，この容易な換金可能性と僅少な価値変動リスクの要件をいずれも満たす必要があり，市場性のある株式等は換金が容易であっても，価値変動リスクが僅少とはいえず，現金同等物には含まれない．現金同等物の例として，取得日から満期日または償還日までの期間が3ヵ月以内の短期性預金である定期預金，譲渡性預金，コマーシャル・ペーパー・売戻し条件付現先および公社債投資信託がある．なお，現金同等物として具体的に何を含めるかについては，各企業の資金管理活動に異なることが予想されるため，経営者の判断に委ねることになる．

なお，当座借越残高がある場合，当該金額は負の現金同等物として取り扱われる．

このキャッシュ・フローの状況をまとめた計算表がキャッシュ・フロー計算書とよばれるもので，企業が作成・公表すべき主要財務諸表のひとつである．

企業会計の領域に関わるものであるが，キャッシュ・フロー計算書は，一会計期間におけるキャッシュ・フロー（キャッシュの増加・減少）の状況を一定の活動区分ごとに示した計算書であり，その必要性，有用性は次の点に求められる．

・企業の各種活動（資金獲得能力，支払能力，投資や資金調達の合理性等）

に係る客観的比較可能性をもった指標として有用である．

企業会計上の損益計算では，いくつかの見積や予測が行われたり，さらには会計処理が企業によって選択適用されたりするという特殊な会計行為から，合理的ではあるものの一定の主観的操作が介入する．キャッシュ・フローは，それらの会計計算上固有の行為の影響を受けない情報としての有用性が指摘されるところである．

・企業価値判断（配当水準・株価水準等の判断）に有用である．

近年，株主価値重視の視点が指摘されるが，企業が創出し，保有するキャッシュの状況をより適正に示すという意味で重要視される．

キャッシュ・フロー計算書の概要を示せば，次のとおりである．

（1）基本的な構造

　　　キャッシュ・フロー＝期末のキャッシュ－期首のキャッシュ

※　キャッシュの増減をともなわない交換取引，キャッシュ相互間取引は対象とならない．

（2）キャッシュ・フロー計算書の作成にあたっては，キャッシュ・フローが増減する企業活動の種類による区分の設定がなされる．その概要は，次のとおりである．

1）営業活動によるキャッシュ・フロー

企業が外部からの資金調達に頼ることなく，主たる営業活動からどの程度のキャッシュが獲得されたかを示す区分である．

この区分には，営業損益計算の対象となる取引のほか，（下記の）投資活動および財務活動以外の取引によるキャッシュ・フローも記載される．

また，商品および役務の販売により受領した手形の割引による収入等，営業活動に係る債権・債務から生じるキャッシュ・フローもこの区分に記載される．

わが国の「連結キャッシュ・フロー計算書等の作成基準　注解3」（以下，

「作成基準」と表する）には，以下のものが具体例として示されている．

① 商品および役務の販売による収入
② 商品および役務の購入による支出
③ 従業員及び役員に対する報酬の支出
④ 災害による保険金収入
⑤ 損害賠償金の支払い

2）投資活動によるキャッシュ・フロー

将来の利益獲得および資金運用のために，どの程度のキャッシュが支出・回収されたかを示す区分である．

※「作成基準　注解4」には，以下のものが具体例として示されている．

① 有形固定資産及び無形固定資産の取得による支出
② 有形固定資産及び無形固定資産の売却による収入
③ 有価証券（現金同等物を除く）及び投資有価証券の取得による支出
④ 有価証券（現金同等物を除く）及び投資有価証券の売却による収入
⑤ 貸付金による支出
⑥ 貸付金の回収による収入

3）財務活動によるキャッシュ・フロー

営業活動・投資活動を維持するためにどの程度のキャッシュが調達・返済されたかを示す区分である．

※「作成基準　注解5」には，以下のものが具体例として示されている．

① 株式の発行による収入
② 自己株式の取得による支出
③ 配当金の支払
④ 社債の発行及び借入れによる収入
⑤ 社債の償還及び借入金の返済による支出

(3) いくつかの個別項目について

1) 法人税等
営業活動によるキャッシュ・フローの区分に「法人税等の支払額」として一括表示する．

2) 利息および配当金
以下の2つの方法からの選択適用することが認められている．

① 受取利息，受取配当金，支払利息　→　営業活動によるキャッシュ・フローの区分に記載

　支払配当金　→　財務活動によるキャッシュ・フローの区分に記載

　⇨　これは損益算定との関係による分類である

② 受取利息・受取配当金　→　投資活動によるキャッシュ・フローの区分に記載

　支払利息・支払配当金　→　財務活動によるキャッシュ・フローの区分に記載

　⇨　これは投資活動成果と財務活動コストの視点からの分類である

(4) 為替差損益
外貨建キャッシュに係る為替差損益は，営業活動によるキャッシュ・フローの区分に「現金及び現金同等物に係る換算差額」として区分表示する．

(5) 作成方法
キャッシュ・フロー計算書は，先にみたように，その活動区分ごとにまとめられるが，「営業活動によるキャッシュ・フローの区分」については「直接法」という方法と「間接法」という方法が認められている．

営業活動によるキャッシュ・フローの区分…　$\begin{cases} 直接法 \\ 間接法 \end{cases}$

投資活動によるキャッシュ・フローの区分…　直接法

財務活動によるキャッシュ・フローの区分…　直接法

① 直接法

　直接法とは，主要な取引ごとに，収入総額と支出総額とを表示する方法である．営業活動に係るキャッシュ・フローが総額で表示されるところから，規模の把握が可能であるという意味で明瞭表示に資すると指摘されるところであるが，一方，それぞれ主要な取引ごとにキャッシュ・フローに関する基礎データ（原始記録）を調べなければならない（特に連結において）という実務上の煩雑さが技術的欠点として指摘される．

② 間接法（営業活動によるキャッシュ・フローの区分）

　税引（税金等調整）前当期純利益に，必要な調整項目を加減してキャッシュ・フローを表示する方法である．

　作成が直接法に比して容易であるという点と，当期純利益とキャッシュ・フローの関係が明らかにされるので，将来キャッシュ・フローの予測に有用であるという点での長所が指摘されるが，一方で，直接法で指摘された長所がみられないという意味での欠点が指摘される．

(6) キャッシュ・フロー計算書のひな型

　キャッシュ・フロー計算書の作成方法には「営業活動によるキャッシュ・フローの部」作成方法に「直接法」と「間接法」とがあるが，その形式（ひな型）は次のとおりである．

（「連結キャッシュ・フロー計算書等の作成基準」より抜粋）

① 「営業活動によるキャッシュ・フロー」を直接法により表示する場合

　Ⅰ　営業活動によるキャッシュ・フロー
　　　営業収入　　　　　　　　　　　　　　　　×××

原材料又は商品の仕入支出	-×××
人件費支出	-×××
その他の営業支出	-×××
小　　　計	×××
利息及び配当金の受取額	×××
利息の支払額	-×××
損害賠償金の支払額	-×××
………………	×××
法人税等の支払額	-×××
営業活動によるキャッシュ・フロー	×××
Ⅱ　投資活動によるキャッシュ・フロー	
有価証券の取得による支出	-×××
有価証券の売却による収入	×××
有形固定資産の取得による支出	-×××
有形固定資産の売却による収入	×××
投資有価証券の取得による支出	-×××
投資有価証券の売却による収入	×××
連結範囲の変更を伴う子会社株式の取得	-×××
連結範囲の変更を伴う子会社株式の売却	×××
貸付けによる支出	-×××
貸付金の回収による収入	×××
………………	×××
投資活動によるキャッシュ・フロー	×××
Ⅲ　財務活動によるキャッシュ・フロー	
短期借入による収入	×××
短期借入金の返済による支出	-×××
長期借入による収入	×××
長期借入金の返済による支出	-×××
社債の発行による収入	×××
社債の償還による支出	-×××
株式の発行による収入	×××
自己株式の取得による支出	-×××
親会社による配当金の支払額	-×××

		少数株主への配当金の支払額	－×××
		…………	×××
		財務活動によるキャッシュ・フロー	×××
Ⅳ		現金及び現金同等物に係る換算差額	×××
Ⅴ		現金及び現金同等物の増加額	×××
Ⅵ		現金及び現金同等物期首残高	×××
Ⅶ		現金及び現金同等物期末残高	×××

② 「営業活動によるキャッシュ・フロー」を間接法により表示する場合

Ⅰ		営業活動によるキャッシュ・フロー	
		税金等調整前当期純利益	×××
		減価償却費	×××
		連結調整勘定償却額	×××
		貸倒引当金の増加額	×××
		受取利息及び受取配当金	－×××
		支払利息	×××
		為替差損	×××
		持分法による投資利益	－×××
		有形固定資産売却益	－×××
		損害賠償損失	×××
		売上債権の増加額	－×××
		棚卸資産の減少額	×××
		仕入債務の減少額	－×××
		…………	×××
		小　　計	×××
		利息及び配当金の受取額	×××
		利息の支払額	－×××
		損害賠償金の支払額	－×××
		…………	×××
		法人税等の支払額	－×××
		営業活動によるキャッシュ・フロー	×××
Ⅱ		投資活動によるキャッシュ・フロー（直接法に同じ）	
Ⅲ		財務活動によるキャッシュ・フロー（直接法に同じ）	

Ⅳ	現金及び現金同等物に係る換算差額	×××
Ⅴ	現金及び現金同等物の増加額	×××
Ⅵ	現金及び現金同等物期首残高	×××
Ⅶ	現金及び現金同等物期末残高	×××

(7) キャッシュ・フロー計算書の作成例（営業活動によるキャッシュ・フローの区分）

ここでは，簡単な設例でキャッシュ・フロー計算書の作成概要を示すこととする．

【例題5】

以下の資料に基づく簡単な設例から，直接法と間接法の相違を確認する．

(資料)

① 貸借対照表

科　目	前期末	当期末	科　目	前期末	当期末
現金預金	100	150	買掛金	150	100
売掛金	200	300	資本の部	150	350
資産合計	300	450	負債・資本合計	300	450

② 損益計算書

科　目	当期
売上高	900
売上原価	700
税金等調整前当期純利益	200

③　総勘定元帳資料

	現金預金		
期首残高	100	買掛金支払高	750
売掛金回収額	800	期末残高	150
	売　掛　金		
期首残高	200	当期回収高	800
当期売上高	900	期末残高	300
	買　掛　金		
当期支払高	750	期首残高	150
期末残高	100	当期仕入高	700
	純資産の部		
期末残高	350	期首残高	150
		当期利益	200
	売　上　高		
		当期売上高	900
	売上原価		
当期仕入高	700		

（考え方）

直接法：営業活動によるキャッシュ・フロー＝売掛金回収高－買掛金支払高
$$= 800 - 750 = 50$$

キャッシュ・フロー計算書（直接法）

営業活動によるキャッシュ・フロー	
営業収入	800
原材料又は商品の仕入による支出	－750
営業活動によるキャッシュ・フロー	50
現金及び現金同等物の期首残高	100
現金及び現金同等物の期末残高	150

間接法：営業活動によるキャッシュ・フロー＝当期純利益－B/S項目増減額
　　　　売掛金の増減額＝300－200＝100　……キャッシュにマイナス要因
　　　　買掛金の増減額＝100－150＝－50　……キャッシュにマイナス要因

キャッシュ・フロー計算書（間接法）

営業活動によるキャッシュ・フロー
  税金等調整前当期純利益   200
  売掛金の増加額   －100
  買掛金の減少額   － 50
  営業活動によるキャッシュ・フロー 50
現金及び現金同等物の期首残高   100
現金及び現金同等物の期末残高   150

間接法においては，

> キャッシュ・フロー＝当期純利益＋非資金損益項目－B/S項目増減額

としてキャッシュ・フローを把握する．

 その具体的な方法（パターン）は次に示すとおりである．

間接法による「営業活動によるキャッシュ・フロー」の内容

> 税引（税金等調整）前当期純利益 ×××

① 非資金項目の調整計算
  ＋ 減価償却費計上額
  ＋ 貸倒引当金増加額
 （＋ 連結調整勘定償却額）   等

② 営業外損益・特別損益項目を逆計算し，よって営業活動ベースに直すための調整計算
  － 受取利息及び受取配当金
  ＋ 支払利息
  ＋ 有価証券評価損
  ＋ 有形固定資産売却損   等

③ 営業活動に係るB/S項目の調整計算
  － 売上債権増加額（減少ならばマイナス）
  ＋ 棚卸資産減少額（増加ならばマイナス）

　　　　　－　仕入債務の減少額（増加ならばプラス）　等
　　　　　－　役員賞与の支払額
　　　　　　　　小　計　…本来の営業活動によるキャッシュ・フロー

④　投資活動・財務活動以外の取引によるキャッシュ・フローの計算
　　　　　＋　利息及び配当金の受領
　　　　　－　利息の支払額　　　　　　　　　　　　　　等

⑤　法人税等の調整計算
　　　　　－　法人税等の支払額
　　　　営業活動によるキャッシュ・フロー　　　×××

①…キャッシュ・アウトフローを伴わない項目の戻し入れ計算が行われる．
　これら項目は当期純利益に対してはマイナス要因であるが，キャッシュの流出を伴わないものであるから加算項目となる．
②…投資活動および財務活動に分類される取引に関連して発生した損益項目である．
　当期純利益の計算過程には当然反映されているが，ここでは営業活動によるキャッシュ・フローを示したいのであるから当期純利益に対する調整項目となる．
　なお，営業活動に係る資産から発生する損益項目（棚卸資産評価損等）は，営業資産の期末残高に吸収されているので特別の区分を設けなくてもよい．
③…営業活動に係る B/S 項目の調整計算であるが，売上債権の増減と，棚卸資産・仕入債務の増減に分類すると整理しやすい（次の例にて説明）．
④…
⑤…　　先に，3.(3) で示した個別項目の調整計算

・売上債権の増減がキャッシュ・フローに与える影響

売掛金			
期首残高	100	回収高	450
売上高	500	期末残高	150

　もし，売掛金の期首残高＝期末残高であるならば，期中の売上高（P/L項目）と同額の売掛金が現金で回収されたことになるので，売上高＝キャッシュ・インフローである．

　しかし，上に示したように，期末残高＞期首残高であるような場合には，その超過額は，当期中に計上された金額（P/Lの収益）よりも現金回収額が少なかった（すなわち，売上高のうち現金で回収されなかった）金額を意味する．これは，上記勘定を次のようにアレンジすれば一覧的に把握できるところである．

売掛金			
期首残高	100	期末残高	150
売上高	500	回収高	450

　売掛金回収高（450）は，売上高（500）から網かけ部分の増加額（50）を減算すれば求めることができる．売上高（500）は当期純利益計算の過程でプラス要因として組み込まれているので，結果として，当期純利益から売掛金増加額（50）を減算すればキャッシュ・フローが求められることになる（逆の場合もこれに準じて考えればよい）．

・棚卸資産・仕入債務の増減がキャッシュ・フローに与える影響

棚卸資産			
期首残高	200	売上原価	800
仕入高	700	期末残高	100

買掛金			
支払高	750	期首残高	200
期末残高	150	仕入高	700

もし，買掛金の期首残高＝期末残高であるならば，期中の仕入高と同額の買掛金が現金で支払われたことになるので，仕入高＝キャッシュ・アウトフローである．

しかし，上に示したように，期末残高＜期首残高であるような場合には，その減少額が現金決済すなわちキャッシュ・アウトフローを示していることになる．

間接法ではB/S情報とP/L情報から当該キャッシュ・フローを計算しようとするものであるから，この場合の買掛金決済に係るキャッシュ・アウトフローは，

1. 売上原価（800）－棚卸資産減少額（100）＝当期仕入額（700）を計算し，ついで
2. 当期仕入額（700）＋買掛金減少額（50）＝750として算出することができる．

売上原価は当期純利益計算の過程でマイナス要因として組み込まれているので，結果として，売上原価に棚卸資産減少額を加算し，買掛金減少額を減算すればキャッシュ・フローが求められることになる（逆の場合もこれに準じて考えればよい）．

演・習・問・題

問1 貨幣の時間価値を利息の視点から説明しなさい．
問2 貨幣の時間価値を考慮する重要性を説明しなさい．
問3 キャッシュ・フローについて，財務的な意義と会計的な意義を説明しなさい．

参考文献

浦崎直浩（2002）『公正価値会計』森山書店
グロービス・マネジメント・インスティテユート（2005）『MBAファイナンス』ダイヤモンド社

山澤光太郎 (2005)『ビジネスマンのためのファイナンス入門』東洋経済新報社
井手正介・高橋文郎 (2006)『ビジネスゼミナール　経営財務入門』日本経済新聞社
上野清貴 (2006)『公正価値会計の構想— APV 会計，EVA 会計，CFROI 会計，リアル・オプション会計の統合に向けて』中央経済社
Lichard, A. B., Stewart, C. M., Franklin, A. (2006) *Principles of Corporate Finance,* The McGraw-Hill.（藤井眞理子・国枝繁樹訳『コーポレートファイナンス（第8版）』日経BP社，2007年）

《推薦図書》

1. Financial Accounting Standards Board (FASB) (1990) *Present Value-Based Measurements in Accounting.*（企業財務制度研究会訳『現在価値—キャッシュフローを用いた会計測定 (COFRI 実務研究叢書)』中央経済社，1999年）
現在価値計算に関する解説書．アメリカ基準も網羅している．
2. Tom, C., Koller, T. and Murria, J. (1994) *VALUATION Measuring and Managing the Value of Companies,* Mackinsey and Company Inc.（伊藤邦雄訳『企業評価と戦略経営—キャッシュフロー経営への転換』日本経済新聞社，1999年）
企業価値最大化の視点から新しい戦略経営の路を示す研究書．
3. 轟茂道・金児昭 (2006)『キャッシュフロー経営の進め方』あさ出版
キャッシュフロー経営の重要性を平易に解説した入門書．

第3章の要約

　企業が資金を調達する場合，その調達には一定のコストが発生する．借入による資金調達には利息の支払いが発生し，また株式会社においては，株式の発行による資金調達には配当の支払いというコストが発生する．企業の立場からは，いかに企業財務にとって合理的な資金調達が行いうるかという視点からも，資本コスト概念の理解は必要不可欠なものである．また，投資行動をとる側からも資本コストの視点は重要であり，資本コストの考え方の基本を考察する．

　また，資本コストに関する基本的な計算を学習する．その際，資金を提供する側である投資家の立場からの資本コスト計算と，資金を調達する側である企業の立場からの資本コスト計算を区別して解説する．有価証券の取得者側と発行者側とを混同することなく把握することが重要であるように，資本コストに関する学習も，資金をめぐる両者の立場からの理解が重要であるからである．

第3章　資本コスト

1. キャッシュ・フローと割引率

　キャッシュ・フロー，およびその割引計算の概要（DCF法）について確認したところで，本章では割引率に焦点をあてることとする．

　キャッシュ・フロー評価やDCF法の採用にあたっては，将来事象に関する見積や予測という主観的観測が介入するところから，そこでの適切な割引率をどのように設定するかという問題は重要な論点となる．

　その際に，いまここで評価しようとする対象（案件）と同様のリスクをもつと考えられる対象（案件）に，もし投資したならば得られるであろう収益率が，適用される適切な割引率と考えることができる．

　このような視点は一般的な投資家からの視点と，コーポレート・ファイナンスとして企業側からみた視点として考えることもできる．

　まず，企業からみた場合，間接金融市場をとおしての借入金や直接資本市場をとおしての社債による借入といった，返済・償還義務を伴う資金調達と，株式発行をとおしての資本調達にかかるコストを意識することを意味する．これを一般に資本コスト（Cost of Capital）と称する．

　借入の場合には元本に対する利息の支払部分が資本コストであり，株式発行をとおした資本金の場合には配当金の支払部分が資本コストとしてとらえられる．後にみるWACC法は，資本コスト計算の代表的計算方法であるが，これは借入に関するコストと資本金に関するコストを加重平均したものとして資本コストを把握する方法であり，企業はこの資本コストを上回るような事業プロジェクトからの収益率を獲得しないと，投資家の期待・要求にはこたえることができないとみるのである．

　また，一般投資家からみた場合，リスクの低い投資案件には低い期待収益率で一定の満足を得る一方で，リスクの高い投資案件には高い期待収益率を要求するものであることが多いところから，投資家にとっての資本コストはリスク

の度合いに応じて決定されることも容易に想定できる．

企業からみたとしても，一般投資家からみたとしても，プロジェクトや投資案件に対するリスクが重視されることがわかるであろう．

2. リスクの考え方

プロジェクトや投資案件を割引率を用いて価値計算する際の割引率は，リスクとしてのリスクフリー・レートにリスクプレミアムを加えたものとして把握される．

この関係を簡単に示せば次の図表３－１のように表現できる．

図表３－１

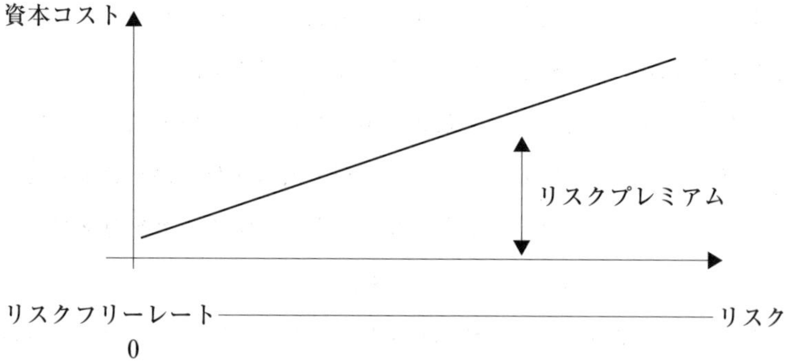

まず，リスクフリー・レート（Risk Free Rate）であるが，これは，たとえば国債の利子率を例としてあげることができる．リスクのない確実な投資に対して求められている期待収益率としての資本コストである．今，日本やアメリカの国債に投資するとして，そこに3%の利子率が設定されているとすると，1年後の3%の利子としての投資リターンにリスクを感じる投資家はいないであろう（このリスクフリーレートがどのように決定されるかという問題は，また別の議論が必要となるが，一般的にインフレーションに対する補償として考えれば理解しやすいであろう）．

次に，リスクプレミアムであるが，これは当該プロジェクトや投資案件の不確実性に伴うリスクである．これはどのように分析，設定することができるであろうか．次に，こうしたリスクを投資家の立場からみた場合と，企業の立場からみた場合とに分けてみることとしよう．

3. 投資家からみた投資リスク

まず，株式投資に代表される，企業資本への投資家の立場からみたリスクは，その投資対象株式の発行企業が行う事業のリスクと財務的なリスクとに分解することができる．事業リスクとは，まさに投資対象企業の事業に関わるリスクのことであり，その企業がおかれている環境を勘案して判断することが必要である．企業内部環境リスク（事業内容が不安定である，経営方針の大幅な変更が予定されている，等）や企業外部環境リスク（原材料の高騰が激しい，競争的競合状態にある，等）として把握されるものである．

財務的リスクとは，投資家と債権者の企業に対する持分の利害対立として考えるとわかりやすいものであるが，投資先企業が相対的に大きく借り入れに依存している場合，債権者に対する企業からのリターンすなわち利子の支払いは，借入時の一定条件で，しかも一般には株式投資家へのリターンに先だって行われるものであるところから，このような場合には株式投資家にとってのリターンが不安定になるというリスクが発生する．

次に，金融機関・社債権者に代表される，企業からみた借入に対する投資家からみたリスクは，金利リスクと信用リスクとに分解することができる．金利リスクとは，投資家の資金投下時点で契約によって固定された金利を，その後の市場環境によって市場金利が上回ってしまうようなリスクのことであり，金利で決定する利息というリターンに関するリスク部分のことである．この金利リスクは，リスク評価時点から回収時点（返済期日や償還期日）までの期間が長ければ長いほど大きくなる．信用リスクとは，利息も関係するものの，基本的に元本部分に大きく関わるリスクのことであり，対象企業の倒産などによっ

てその名目的資金投下額の回収危険性に係るリスクのことである.

4. 企業からみた資本コスト

　企業の立場からみた資本コストは，その資本調達源泉からみて，債権者が期待するリターンと，株主が期待するリターンとに分解して把握することができる．

　債権者に対する資本コストは，利子の支払として比較的容易に計算することができる．すなわち，借入時の契約によって，借入期間（返済，償還までの期間）や利子率があらかじめ決められているからである．

　一方，株主が期待するリターンについて資本コストを考えることは，債権者に対する資本コストに比べてさまざまな変動要因があり容易ではない．

　まず，株主が期待するリターンであるが，これは配当の受け取りに限定することができない点に注意する必要がある．債権者に対する資本コストとしての利子の支払という企業からの資金流出と同様に，株主に対する企業からの資金流出は配当の支払であるとみることは容易に考えることができるが，一方，株主の立場から，株主がどのようなリターンを期待しているかを考えると，そこにはインカム・ゲイン（配当の受け取り）のみならずキャピタル・ゲイン（株価の上昇による価値増殖）もあることを考慮しなければならない．すなわち，企業からみた資本コストとしても，この点を踏まえて考えなければならないのである．

　資本コストを求める計算方法として代表的なものに加重平均資本コスト（WACC：Weighted Average Cost of Capital）がある．これは，借入（D：Debt）のコストと，株式（E：Equity）コストの加重平均値として資本コストを求めるものである．

　ここに，
　　D：長期負債時価
　　E：株主資本時価（株価×発行済株式総数）

T：実効税率

r_D：負債コスト（利子率）

r_E：株主資本コスト

とすると，

$$資本コスト（WACC）= \frac{D}{D+E} \times (1-T) \times r_D + \frac{E}{D+E} \times r_E$$

として計算される．

ここにいくつかの注意点を示すと以下のとおりである．

① 負債に関しても資本に関しても時価情報を用いる．ここで求めようとしているものは，企業会計上の財務諸表情報を基礎とするものではなく，市場での価値評価額であるところから，時価情報が重視されるのである．負債に関する時価情報は，市場性ある社債券に関しては求めやすいが，その他の負債に関しては会計計算上で時価評価できるものと困難なものがあり，後者に関しては簿価を採用することで近似と考える．

② 負債は長期性のものを対象とする．これは，短期性の負債は短期運用目的で調達されたものとみなし，事業展開でキャッシュ・フローを創出するのは長期的資金である資本金と長期性の負債であると考えることによるものである．なお，会計上，貸借対照表表示において，ワン・イヤー・ルールの適用により，長期性負債であっても返済までの期間が1年以内となった場合には流動負債の部に計上されることとなるので，財務諸表から情報を得る場合には調整が必要である．

③ 実効税率とは，法人税・住民税・事業税それぞれの税率を用いて次のように計算される．

$$実効税率 = \frac{法人税率 \times (1+住民税率) + 事業税率}{1+事業税率}$$

この式は，まず，3種の合計税率をtとして，

t＝法人税率＋法人税率×住民税率＋事業税率

＝法人税率×（1＋住民税率）＋事業税率　を求めたうえで，事業税は法人税の計算上損金に算入できることから，実効税率を求めるうえでは合計税率から事業税に対応する部分を控除するという次の式の展開で求められる．

実効税率＝t－事業税率×実効税率
実効税率×（1＋事業税率）＝t

$$実効税率 = \frac{t}{(1+事業税率)}$$

そして，負債のコストに（1－実効税率）を乗じているのは，負債にかかる利子（会計上の費用）が税務計算上損金として算入されることから，その分だけ金利の実質負担率が下がるからである．

④　株主資本コスト（$r_E : r_f + \beta (r_m - r_f)$）は，CAPM (Capital Asset Pricing Model) という3式で求められる．これについては第Ⅲ部で詳述する．

この資本コストを求める式からみると，借入を相対的に増やすと，資本コストが低下することがみてとれる．これは，借入金依存体質に疑問を呈したり，自己資本比率の向上を無制約に是とするわが国の風潮からは理解しがたいことかもしれない．

資本コストの視点からは，借入をどのように活用するかが企業財務にとって需要な論点となることを指摘しておきたい．

演・習・問・題

問1　キャッシュ・フロー計算と割引計算の関係を説明しなさい．
問2　投資リスクの種類と意義を説明しなさい．
問3　資本コストの代表的な計算式を示し，内容を説明しなさい．

参考文献

後藤公彦（1997）『デリバティブ時価会計入門―投資決定とリスク管理』日科技連出版社

山澤光太郎（2005）『ビジネスマンのためのファイナンス入門』東洋経済新報社
井手正介・高橋文郎（2006）『ビジネスゼミナール　経営財務入門』日本経済新聞社
ベリングポイント戦略業務改革チーム（2006）『トータルリスクマジメント―企業価値向上への統合的リスク管理』生産性出版
鎌田信夫（2006）『キャッシュ・フロー会計の原理』税務経理協会
Lichard, A. B., Stewart, C. M. and Franklin, A. (2006) *Principles of Corporate Finance*, The McGraw-Hill.（藤井眞理子・国枝繁樹訳『コーポレートファイナンス（第8版）』日経BP社，2007年）

《推薦図書》

1. Shannon, P. P. (1998) *Cost of Capital, ── Estimation and Applications*, John Wiley & Sons, Inc.（菊地正俊訳『資本コストを活かす経営―推計と応用』東洋経済新報社，2001年）
   資本コストの管理に関する理論的，実務的解説書．
2. Michael, C. E. (1994) *The Search For Value Measuring the Companys Cost of Capital*, Harvard Business School Pr.（真壁昭夫・鈴木毅彦訳『資本コストの理論と実務―新しい企業価値の探究』東洋経済新報社，2001年）
   アメリカのビジネススクールでひろくテキストとして用いられている基本書．
3. 小宮隆太郎・岩田規久男（1973）『企業金融の理論―資本コストと財務政策』日本経済新聞社
   資本コストと財務政策の関係を先駆的にとりあげた基本書．

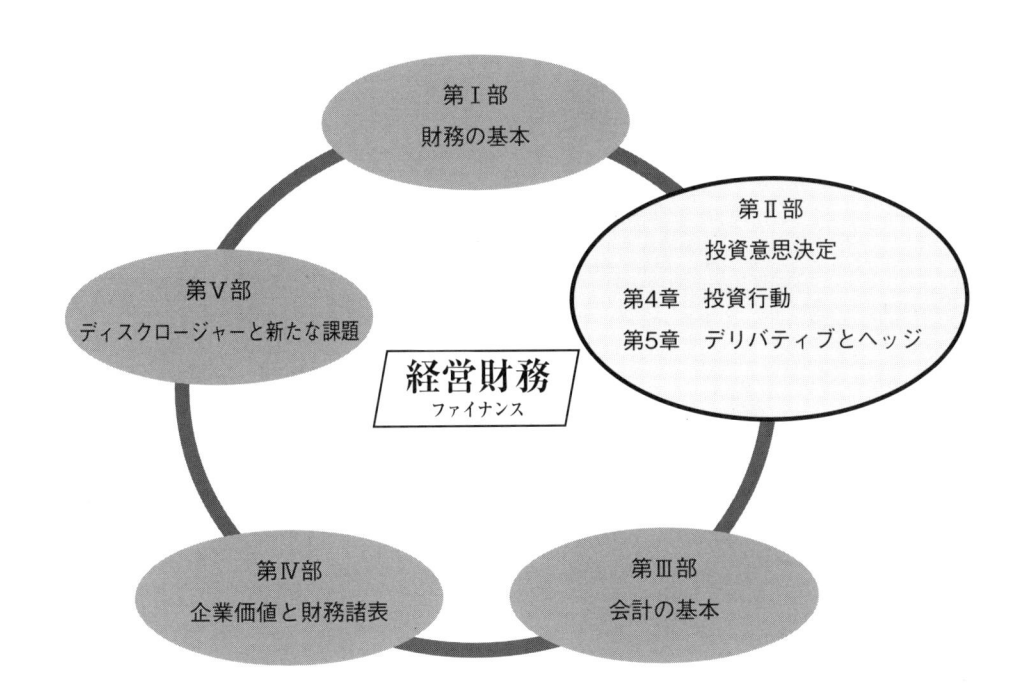

第II部
投資意思決定

- 第I部 財務の基本
- 第II部 投資意思決定
  - 第4章 投資行動
  - 第5章 デリバティブとヘッジ
- 第III部 会計の基本
- 第IV部 企業価値と財務諸表
- 第V部 ディスクロージャーと新たな課題

経営財務
ファイナンス

第4章の要約

　財務の基本知識を前提として，具体的な投資行動における戦略を概説する．投資においては，資金の投下とそのリターンが投資結果としての判断の重要な視点になるが，リスクの存在の認識，およびそのとらえ方が最も重要である．リスクのさまざまな性質を的確に理解・判断し，合理的な投資行動をとるためには何が必要であるかを検討する．具体的にはリスク分散政策としてのポートフォリオと，種々の財務政策を課題としてとりあげる．

第4章 投資行動

1. ポートフォリオ

　投資においては，リスクとリターンが考慮される．

　リスクは，将来における不確実性のことを意味する．たとえば，A社の株価が将来確実に上昇することがわかっており，また，B社の株価は将来確実に下落することがわかっていたとする（確実にわかっているという状況は非現実的に思われるかもしれないが，ここでは不確実性に関して説明するので，所与のものとして想定されたい）．

　ここで，A社の株式に比してB社の株式にリスクがあるということはいえない．株式投資を例にとっているが，株式投資は現物の購入という行動にのみ限定される訳ではないからである．A社の株価が将来確実に上昇することがわかっているという状況においては，これを購入するという行動がとられるであろう．しかし一方で，B社株式に対しては，空売りをするという投資行動がリターンをもたらすのである．

　このように，投資対象の価値が「確実に」増加するか減少するかがわかっている場合，投資行動にはそれに対処する方策が準備されている．したがって，投資に対するリスクとは，ここで想定した「確実」性の欠如，すなわち，将来における不確実性の存在として把握することができるのである．

　一方，リターンもリスクにおける不確実性と同様に，その見込には不確実性が伴う．将来の不確実性を斟酌したうえでの期待値のばらつきが，投資行動におけるリスクとリターンの関係としてとらえられることになる．これは，統計学において用いられる標準偏差を用いることで，一般に定量的に把握することができるとされる．

　図表4－1からわかるように，標準偏差が大きいほどリスクが高いといえる．次に，投資行動におけるリスクの把握で重要なことは，投資対象それ自体に係るリスクをそれ自体単独のものとして把握することはできないということで

図表4－1

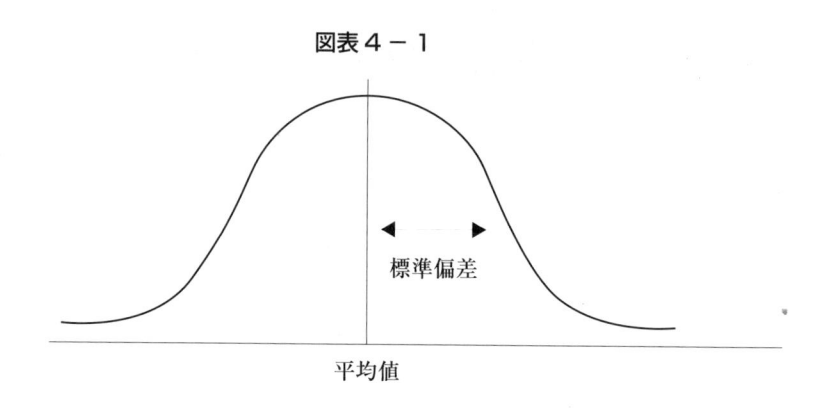

平均値　標準偏差

ある．すなわち，当該投資対象をとりまく経済環境がそのリスクに影響を与えるということである．

　経済環境が良好であるという場合に多くのリターンをもたらす投資対象もあれば，経済環境が悪化している場合に多くのリターンをもたらす投資対象もあることを考えれば想定されることであろう．

　そして，こうしたリスクとリターンの評価がもっとも端的にあらわれるのが，市場である．市場参加者は，非常に多数に上り，そこではさまざまな思惑のもと，リスクとリターンの評価をとおして投資行動を行っており，それが結果としてリスクとリターンとしてあらわれてくるのである．

　市場におけるこうした判断は，さまざまな視点・資料から行われるものであるが，その代表的なものが会計情報である．一定の制度のもとで開示される，信頼性ある情報としての会計情報の意義・有用性については第Ⅲ部以下で概説することとする．

　リスクとリターンの概要が理解されたところで，投資対象の組み合わせとしてのポートフォリオという考え方をみていくこととする．

　ポートフォリオという用語は，一般には株式の分散投資という意味でよく用いられている．株式投資における全体のリスクを軽減させようという考え方で，最近のネット投資の増大，個人投資家の増大を受けて，投資におけるリスク管

理という意味で用いられている．

　ここでは，まず，こうした株式投資におけるポートフォリオを概説する．

　株式投資におけるポートフォリオにおいて，そこでの投資リスクは投資対象の株式個々に係るリスクと，株式市場それ自体に係るリスクとして考えることができる．

　株式個々に係るリスクは，適切な分散投資を行うことでそれぞれが相互に減殺され，可能なかぎり小さくすることが理論的には可能であるが，市場それ自体に係るリスクは環境要因として分散・減殺することはできないとされる．

　両者の関係を簡単に示すと次の図表４－２のようになる．

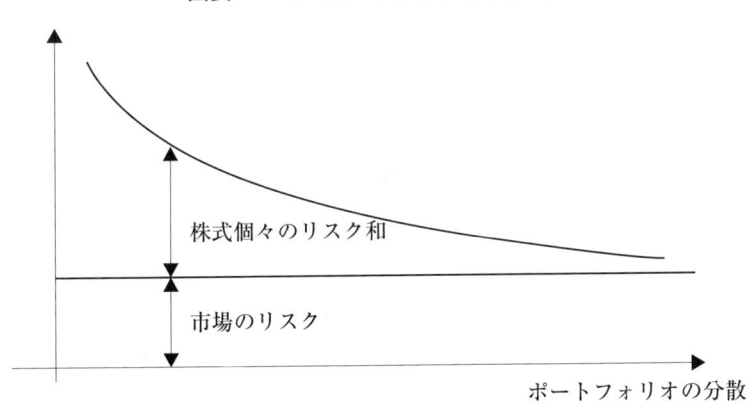

図表４－２　ポートフォリオのリスク

株式個々のリスク和

市場のリスク

ポートフォリオの分散

　株式投資における投資のリターンは，株式個々のリターンの加重平均として把握されるので，この点に関するリスクを減殺させることで，もっぱら特定銘柄のみへの投資に対してリスクに対するリターンの割合が高くなる．ここに，ポートフォリオ投資が効率的投資として位置づけられ，投資家に対する投資政策として進められる理由がある．

　図表４－２で示した株式個々のリスクは，「ユニークリスク」と称され，市場のリスクは「マーケットリスク」と称される．

第4章 投資行動

マーケットリスクは、その市場に影響を与える経済環境、すなわち景気動向や金利レートなどに関するものなので、これからみることとする個々の投資対象に関するポートフォリオを適切に組んだとしても回避できないリスクである．

ポートフォリオにおいては、さまざまな選択肢をどのように組み合わせるかが重要な問題となるが、ここでは、ある株式（A社株）と国債の組み合わせを想定することとする．

ここで国債は、それ自身のリスクがない、リスクフリー資産であると考える．そうすると、A社株と国債に関するポートフォリオのリスクとリターンは次の図表4－3のようにあらわされる．

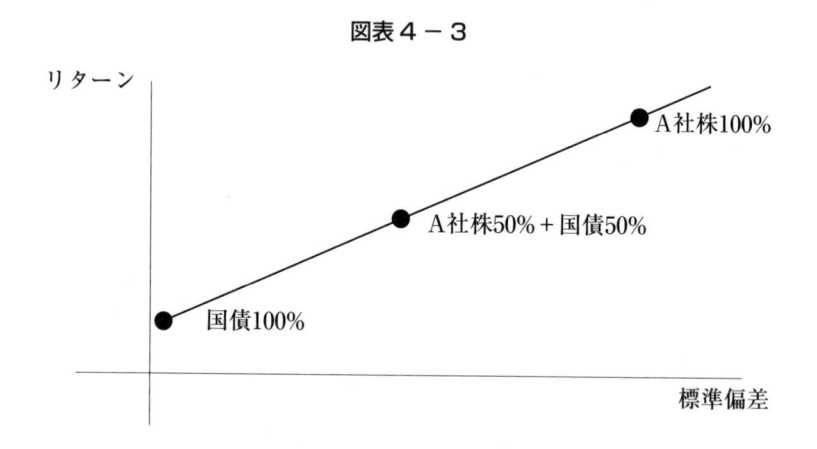

図表4－3

（リターン－標準偏差のグラフ：国債100%、A社株50%＋国債50%、A社株100%の3点を結ぶ右上がりの直線）

投資家は、リスクを覚悟して高いリターンを追及するか、リスクを回避して確実なリターンを得るかの選択を行うことになる．

次に、A社株とB社株という2つの投資対象の組み合わせを想定してみることとする．この2社は、環境要因に対して必ず同じ方向に反応するのではなく、両者の動きの間には同じ方向で反応する場合もあれば、まったく異なる反応をすることもあるとする．このような場合、ポートフォリオのリスクとリターンには次の図表4－4のような関係がみられる．

図表4－4

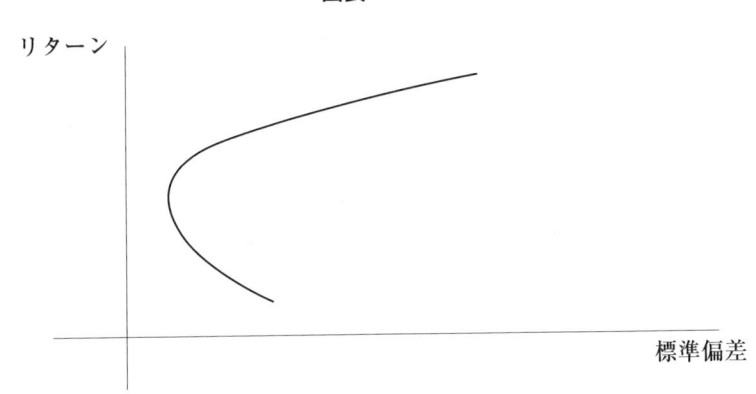

リターン

標準偏差

　この両者から，国債と，市場にある株式全般とを対象としたポートフォリオを組むとどのようになるか．それは，次の図表4－5のように示すことができる．

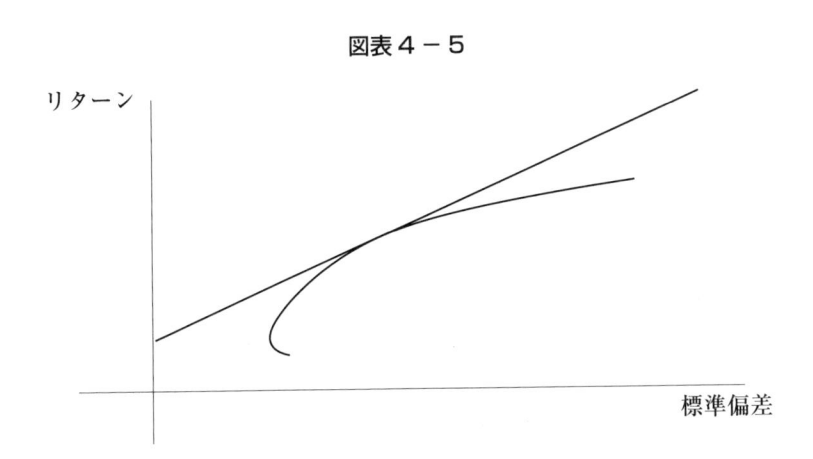

図表4－5

リターン

標準偏差

　両線の接点が株式と国債の組み合わせにおける最適のポートフォリオを示している．
　曲線上のそれ以外の部分では，株式のみによる最適点を示してはいるが，も

し，その投資対象に国債を組み入れるならば，同程度のリスクでより高いリターンを期待することができるということになる．また逆に，接点以外の直線上では，リスクを避けたい投資家が判断する選択肢を示すことになる．

2. 財務政策

　ここまでは投資家の視点にたって投資行動をみてきたが，ここでは企業の視点にたって財務政策的な観点からの投資行動を概説することとする．

　企業が経営活動を継続してリターンを得る源泉は，貸借対照表の貸方に示される．それは，株式発行による資金源泉（エクイティ）と社債発行や銀行からの借入（デット）によって構成される．わが国では，一般に借入が相対的に多い企業，換言すれば自己資本比率が小さい企業に対しては，企業の安全性分析の視点からはあまり望ましい状態ではないという考え方が広まっている．しかし，ファイナンスの領域では，所与の条件下では一定割合までデットによる企業価値向上が指摘されているのである．

　貸借対照表借方，すなわち，資産の価値（時価）の増大が企業価値を高めるという一方的な企業価値観から進めて，ここでは貸方の資金調達，およびそれら資金提供者へのリターンを考慮した企業の財務政策を概説することとする．

　ここに，エクイティとデットの最適なバランスを最適資本構成と称し，それがどのような状態を指すかが問われることになる．

　先にも示したように，デットが少なく，自己資本比率が高い企業は，ストックの面でみた場合の財務安全性の視点からは高い評価がなされることが多い．しかし一方で，調達された貸方全体が運用されて企業収益（利益）としてのリターンをもたらすことを考慮すると，自己資本比率の高い企業すべてが高い収益力を獲得しているわけではない現状を考えあわせ，それのみが最適資本構成をなすとはいえないことがわかるであろう．

　貸方（資金源泉）規模が同等である場合，一般に資本調達コストの低い借入を組み込んだほうが，全体としての資本コストは低減する．したがって，企業

価値を将来キャッシュ・フローの資本コストによる割引価値で判断するならば，借入を組み込んだ場合の方が企業価値は高まるといえるのである．

また，借入コストとして発生する利息は，制度上，損金として税控除の対象となる．この点からも借入割合が増加するほど，資本コストは低減するということがいえる．

こうした観点からは，資本構成の政策決定においては借入に依存せよという結論が導き出されそうであるが，ここにも注意すべき点がある．それは，財務安全性の視点からのみならず資本コストの面からも注意すべき内容である．

借入コストは，その性質上契約によって固定かつ定期に発生するものであるから，一定のキャッシュ・フロー獲得が維持されている場合には問題とならないものの，企業の内的環境・外的環境の変化で当該コスト負担が企業財務に大きく影響する状況に至った場合，企業財務に対してリスクとして発生することになる．

したがって，十分なキャッシュ・フロー獲得がなされているような状況下においては買入依存を高めたほうが資本コストが低減し，ひいては企業価値増大につながるものの，環境の変化によってはそれが逆に資本コストの増大につながる危険性もあるということである．

両者の最適バランスは理論値としても呈示されえないのが現状であるが，ファイナンスの領域では自己資本比率のみを高めることが最適な資本政策とは解されないことは指摘されるところである．

財務政策の視点から，もうひとつ重要な論点として配当政策をあげることができる．一般に，株主に対してなされる配当が多ければ多いほど株主にとって良い企業というイメージが昨今見受けられるが，ファイナンスの視点からは，結果として増配も減配も（諸費用をゼロとして，完全市場の前提にたてば）企業価値に対して中立的なのである．たとえば増配を例にして考えると，増配前に比して増配後は確かに株主のインカムゲインは増加する．しかし一方で，同程度のキャピタルゲインの減少が発生するのである．

このことは，株主に持分のある資金が，企業の手元におかれるか株主の手元におかれるかという視点からも理解できよう．企業価値向上に資する投資案件が多い場合には，配当として株主に資金を手渡すよりも，増資にともなう取引コストも勘案して，事業投資に資金投下を行う方が結果として企業価値を高め，株主にとってのキャピタルゲイン向上につながるという視点も展開されるのである．さらに，ここでも税制との関係は考慮されなければならない．

最適資本政策や配当政策に関しては，古典的に有名な MM 理論というものが存在する．MM 理論が想定しているのは完全資本市場であるところから，現在ではその修正が必要であるという見解が多いが，以下，簡単に触れておくこととする．

MM 理論は，資本構成が企業の資本コストに影響を与えるか否かという議論に関してフランコ・モジリアーニとマートン・ミラー（Modigliani and Miller, 1958）によって提唱された理論である．

MM 理論によって呈示された命題は2つあり，「完全資本市場のもとでは，資本構成は資本コストに影響を与えない」というものと「完全資本市場のもとでは配当政策は企業価値に影響を与えない」というものである．

前者は次のような考え方に基づく．すなわち，エクイティの資本コストとデットの資本コストを比較すると，エクイティの資本コストの方が必ず高いためにデットの比率を高めることによって，まず，資本コストは低下する．しかし，これによって事業リスクに加えて財務リスクも高まることからエクイティのリスクも高まり，結果としてエクイティの資本コストが高まってしまう．したがって，両者の要素が減殺しあって資本コストは不変となる．

先に触れたところではあるが，この理論においてはデットに係る税務上の効果が反映されていない．また，企業の財務的破綻に係るリスクも想定されていないことが問題として残る．

そこで，前述したように，最近では税務上の効果などを勘案した，一定のカバー可能なキャッシュ・フローのもとでの財務レバレッジを考察することが重

要とされているのである.

　一方，後者の命題についてであるが，先に配当政策について触れた前半部分がこの命題に基づいた説明となっている．換言すれば，配当政策に関係なく，投資家のインカムゲイン＋キャピタルゲインは不変であるという視点である．

〈補論〉

　本章では，前章に続いてファイナンスの観点から概説してきた．みてきたように，一定の継続的キャッシュ・フロー獲得状況においてはデット（借入）を増やしたほうが結果として企業価値向上につながるという視点は，わが国の一般的な経済ニュース等での解説からは違和感を感じるかもしれない．

　さらに，わが国で，企業の決算発表の時期となると，経常損益がいくらであるとか，それが対前年度比較で何ポイント上がった下がったとか，こうした側面からの評価がなされる．デットに係る利息は金融費用として経常損益を押し下げる要因であるから，この面からも，違和感を感じるかもしれない．

　次章以降は会計の側面からの検討が始まるが，ファイナンスの領域，会計の領域，企業というもの，または投資家というものを共通の観察対象としながらも，その切り口・視点が異なるということを意識したうえで，それぞれの領域の知識を深めるということが重要であることを補足しておく．

演・習・問・題

問1　投資行動におけるリスクの存在についてその種類と内容を説明しなさい．
問2　ポートフォリオ政策の目的をリスクの存在と関係させて説明しなさい．
問3　財務政策におけるポートフォリオの位置づけについて説明しなさい．

参考文献

砺波元（2000）『資産運用のパフォーマンス測定―ポートフォリオのリターン・リスク分析』金融財政事情研究会

山澤光太郎（2005）『ビジネスマンのためのファイナンス入門』東洋経済新報社

グロービス・マネジメント・インスティテユート（2005）『MBA ファイナンス』ダイヤモンド社

井手正介・高橋文郎（2006）『ビジネスゼミナール　経営財務入門』日本経済新聞社

Lichard, A. B., Stewart, C. M. and Franklin, A. (2006) *Principles of Corporate Finance,* The McGraw-Hill.（藤井眞理子・国枝繁樹訳『コーポレートファイナンス（第8版）』日経BP社，2007年）

Franco, M. and Menton, M. (1958) The Cost of Capital, Corporation Finance and the Theory of Investment, *American Economic Review 48* (3)

───《 推薦図書 》───

1. 日本経営財務研究学会（1998）『コーポレート・ファイナンスの理論と実証』中央経済社
    コーポレート・ファイナンスに関する理論面と実証面の論文集.
2. 日本経営財務研究学会（2001）『経営財務戦略の解明』中央経済社
    経営財務戦略における実証分析の可能性を研究した論文集.
3. Kenneth, L. G.（2004）*Trading Risk Enbanced Profitability through Risk Control,* Wiley & Sons. Inc.（長尾慎太郎・井田京子訳『投資家のためのリスクマネジメント〜収益率を上げるリスクトレーディングの真髄』パンローリング，2005年）
    簡単な数値例や計算例を用いたポートフォリオの機能に関する解説書.

第5章の要約

　いわゆる金融派生商品として知られるデリバティブの基礎知識を解説する．デリバティブ取引といわれるものも，通常の投資行動の一形態としてとらえることができる一方で，さまざまなリスクを回避する目的（リスク・ヘッジ）としてとらえることもできる．

　まず，デリバティブの基礎を学習したうえで，それがリスク・ヘッジとして選択された場合の取引参加行動の結果を理解し，会計的にはどのように認識されることになるのかを具体例をあげて説明する．

第5章 デリバティブとヘッジ

1. デリバティブ

　デリバティブとは，金融派生商品といわれるもので，伝統的金融資産（株式・債券・預金・貸付金等）から派生した金融商品を取引対象としたものである．

　デリバティブ取引にはさまざまなものがあるが，ここに代表的な先物取引，オプション取引，スワップ取引をまとめれば次の図表5－1のようになる．

図表5－1　デリバティブ取引の種類

	先物取引	オプション取引	スワップ取引
株　式	株価指数先物	株価指数オプション 個別銘柄オプション	
債　券	債券先物	債券オプション 債券先物オプション	
金　利	金利先物	金利オプション 金利先物オプション	金利スワップ
通　貨	通貨先物 為替予約	通貨オプション	通貨スワップ
商　品	商品先物	商品先物オプション	

（1）先物取引

　先物取引とは，将来一定の時点において特定商品を一定価格で一定数量売買することを約束する契約のことである．これを簡単に分類すれば次の図表5－2のとおりとなる．

図表5－2　先物取引の分類

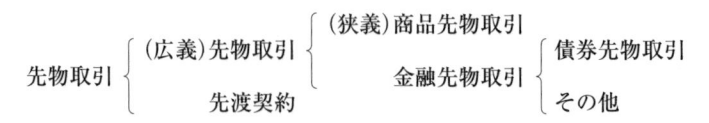

$$\text{先物取引}\begin{cases}\text{（広義）先物取引}\begin{cases}\text{（狭義）商品先物取引}\\ \text{金融先物取引}\begin{cases}\text{債券先物取引}\\ \text{その他}\end{cases}\end{cases}\\ \text{先渡契約}\end{cases}$$

　先物取引の概要と，そこで発生する損益とは次のような関係にある．すなわ

ち，取引参加者は，対象物の引渡し（or 受渡し）そのものを目的とするのではなく，先物価格変動に起因する損益から利益を獲得する（or 他のリスクを回避する）ことを目的とする．一般に期限到来前の反対売買（買建→転売 or 売建→買戻）で差金決済することが多い．

先物取引では，将来取引に関する約定取引なので契約時点での代金決済は行われない．こうした特徴から，信用不安に対処する方途として証拠金の差し入れが行われる．

・買建先物（買予約の後に売決済）→時価上昇で利益，時価下落で損失
・売建先物（売予約の後に買決済）→時価上昇で損失，時価下落で利益

こうした先物取引（デリバティブ取引一般）の損益のとらえ方には，次の図表5－3の2つの考え方がある．

図表5－3

	決 済 基 準	値 洗 基 準
特　　　　徴	相場の変動に起因する値洗差額を決済時に一括して認識する	相場の変動に起因する値洗差額を値洗（時価評価）のつど損益として認識する
契 約 時 処 理	契約に際して差し入れた証拠金を「先物取引差入証拠金」として処理	契約に際して差し入れた証拠金を「先物取引差入証拠金」として処理
相場変動時処理	値洗差金に関する会計処理は行わない	値洗差金を「先物取引差金」として処理，同額を「先物利益（or 先物損失）」として処理
決 済 時 処 理	証拠金に係る返還（回収），先物取引差金の決済，手数料の授受，契約時⇔決済時間の相場変動に起因する変動額を「先物利益（or 先物損失）」として処理	証拠金に係る返還（回収），先物取引差金の決済，手数料の授受などの処理

会計処理方法を，買建先物の場合を例にとって示すと次の図表5－4のようになる．

図表5－4

	決済基準	値洗基準
契約時・証拠金差入	先物取引差入証拠金×× 現　　金××	先物取引差入証拠金×× 現　　金××
期末決算時	仕訳なし	先物取引差金×× 先物損益××
翌期首振り戻し	仕訳なし	先物損益×× 先物取引差金××
決済・反対売買	現　　金×× 先物取引差入証拠金×× 現　　金×× 先物損益××	現　　金×× 先物取引差入証拠金×× 現　　金×× 先物損益金××

(2) オプション取引

　オプション取引とは，対象金融商品を特定価格（行使価格）で「買う権利（コール・オプション）」または「売る権利（プット・オプション）」を売買する取引である．これを簡単に分類すれば次の図表5－5のとおりとなる．

図表5－5　オプション取引の分類

コール・オプション	買手	売手に対してオプション料（プレミアム）を支払う 行使価格での買取権利が発生する（権利放棄可能）
	売手	買手からオプション料（プレミアム）を受け取る 行使価格での売渡義務が発生する
プット・オプション	買手	売手に対してオプション料（プレミアム）を支払う 行使価格での売渡権利が発生する（権利放棄可能）
	売手	買手からオプション料（プレミアム）を受け取る 行使価格での買取義務が発生する

　オプション取引の決済方法と損益は，その契約の特質から，
① 権利行使によるオプション対象商品そのものの売買
② 反対売買によるオプションの転売
③ 権利放棄

の3種のいずれかでなされる．

　その内容をまとめると次の図表5－6のようになる．

図表５−６

種類	立場	相場	オプション価値	決済
コール・オプション	買手	⇑	⇑	権利行使・転売→利益の発生
		⇓	⇓	権利放棄→支払オプション料が損失として発生
	売手	⇑	⇑	相手の権利行使・オプションの買戻し→損失の発生
		⇓	⇓	相手の権利放棄→受取オプション料が利益として発生
プット・オプション	買手	⇓	⇑	権利行使・転売→利益の発生
		⇑	⇓	権利放棄→支払オプション料が損失として発生
	売手	⇓	⇑	相手の権利行使・オプションの買戻し→損失の発生
		⇑	⇓	相手の権利放棄→受取オプション料が利益として発生

ここに会計処理方法を，買建先物の場合を例にとって示すと次の図表５−７のようになる．

図表５−７

買手側

オプション料支払時	前　　渡　　金 ×× 現　金　預　金 ××
決算時 オプション時価評価	前　　渡　　金 ×× オプション差損益 ×× または オプション差損益 ×× 前　　渡　　金 ××
翌期首再振替	オプション差損益 ×× 前　　渡　　金 ×× または 前　　渡　　金 ×× オプション差損益 ××
反対売買時	現　金　預　金 ×× 前　　渡　　金 ×× オプション差損益 ××
権利放棄時	オプション差損益 ×× 前　　渡　　金 ××

売手側

証拠金差入時	オプション取引差入証拠金 ×× 現　金　預　金 ××
オプション料受取時	現　金　預　金 ×× 前　　受　　金 ××
決算時 オプション時価評価	オプション差損益 ×× 前　　受　　金 ×× または 前　　受　　金 ×× オプション差損益 ××
翌期首再振替	前　　受　　金 ×× オプション差損益 ×× または オプション差損益 ×× 前　　受　　金 ××
反対売買時	前　　受　　金 ×× 現　金　預　金 ×× オプション差損益 ×× 現　金　預　金 ×× オプション取引差入証拠金 ××
（買手側）権利放棄時	前　　受　　金 ×× オプション差損益 ×× 現　金　預　金 ×× オプション取引差入証拠金 ××

(3) スワップ取引（金利スワップ）

スワップ取引（金利スワップ）とは，当事者間の相対で同一通貨に係る固定金利と変動金利を交換する取引である．

ここに会計処理方法を示すと次の図表5－8のようになる．

図表5－8

利払日	現　金　預　金　×× または 支　払　利　息　××	受　取　利　息　×× 現　金　預　金　××
決算時評価差額の処理	金利スワップ資産××	金利スワップ差益××
翌期首再振替	金利スワップ差益××	金利スワップ資産××

2. ヘッジ

(1) ヘッジの意味と基本用語

ヘッジとは，ある資産・負債について生じる損失の可能性を，それと反対方向に変動する（資産・負債）取引を利用して減殺することを意味する．ヘッジに関してはいくつかの用語をとらえておくことが必要であり，以下，それらを示す．

　ヘッジ取引：ヘッジのために行われる取引のこと
　ヘッジ対象：ヘッジの対象となる資産・負債のこと
　ヘッジ手段：ヘッジ対象と反対方向に変動し，ヘッジのために利用される
　　　　　　（資産・負債）取引のこと．通常，デリバティブ取引が利用される．
　ヘッジ会計：ヘッジ対象の損益とヘッジ手段の損益とを同一の会計期間に認
　　　　　　識しようとする手法をとる会計のこと．
　ヘッジの例：為替変動リスクのヘッジ…為替予約
　　　　　　　金利変動リスクのヘッジ…金利スワップ
　　　　　　　価格変動リスクのヘッジ…商品先物取引等

ヘッジを用いた場合に発生する損益のとらえ方には，繰延ヘッジという方法

と，時価ヘッジという方法がある．

1）繰延ヘッジ

（時価評価されている）ヘッジ手段についての損益・評価差額を，原価・実現ベースで認識されるヘッジ対象についての損益が認識されるまで，資産ないし負債として繰り延べる方法

〈デリバティブに含み益のある場合〉

　　　（借）デリバティブ　×××　　（貸）繰延ヘッジ利益　×××

〈デリバティブに含み損のある場合〉

　　　（借）繰延ヘッジ損失　×××　　（貸）デリバティブ　×××

2）時価ヘッジ

（時価評価されている）ヘッジ対象についての変動相場等を損益に反映させることで，当該損益とヘッジ手段の損益とを同一期間に反映させる方法

　わが国の制度においては「その他の有価証券」がヘッジ対象のときのみ適用できる．

【例題1】

資料：その他有価証券　原価¥10,000，時価¥9,000

　　　変動相場リスク回避のためのデリバティブ取引の含み益が¥1,000ある．税効果は無視する．

① 繰延ヘッジによる処理

　　（借）有価証券評価差額　1,000　　（貸）その他有価証券　1,000

　　　　　デリバティブ　1,000　　　　　　繰延ヘッジ利益　1,000

　　※　有価証券評価差額：純資産項目

　　　　その他有価証券：時価評価による資産減少

　　　　デリバティブ：資産項目

　　　　繰延ヘッジ利益：負債項目

② 時価ヘッジ

　　（借）有価証券評価損益　1,000　　（貸）その他有価証券　1,000

　　　　　デリバティブ　1,000　　　　　　デリバティブ評価益　1,000

　　※　有価証券評価損益：営業外費用

その他有価証券：時価評価による資産減少
デリバティブ：資産項目
デリバティブ評価益：営業外収益

(2) ヘッジ対象の多様性

ここまで，簡単にヘッジの取扱いをみてきたが，ヘッジにおけるヘッジ対象の内容には次のようなものがある．

1) 相場変動を相殺するヘッジの対象

① 相場変動損失の可能性ある資産・負債で，その資産・負債についての相場変動等が評価に反映されていないもの（時価評価されていないもの）

　　例）棚卸資産，固定金利の貸付金・借入金，固定金利の社債・債券等

② 相場変動損失の可能性ある資産・負債で，その資産・負債についての相場変動等が評価に反映されている（時価評価されている）が，評価差額が損益として処理されていないもの

　　例）その他有価証券

2) キャッシュ・フローを固定するヘッジの対象

資産・負債に伴うキャッシュ・フローが変動するもの

　　例）変動金利の貸付金・借入金等

3) ヘッジ対象となりうる予定取引

これらヘッジ対象に対しては，先に概説したデリバティブ取引がヘッジ手段として多く用いられる．簡単な事例で確認されたい．

【例題2】

資料：×1年2月1日に×1年6月限月の国債先物￥95,000（@￥95，1,000口）を買建て．

　　委託証拠金￥8,550現金払い．

　　決算日（3月31日）の先物時価@￥96．

　　6月25日に先物時価@￥97で反対売買，差金決済のうえ証拠金とともに現金で受領した．

～デリバティブ取引の原則的処理～
① 約定日（2月1日）
　（借）先物取引差入証拠金　　8,550　　（貸）現　　　　　金　　8,550
② 決算日（3月31日）
　（借）先 物 取 引 差 金　　1,000　　（貸）先 物 利 益　　1,000
③ 翌日（4月1日）
　（借）先 物 利 益　　1,000　　（貸）先 物 取 引 差 金　　1,000
④ 反対売買日（6月25日）
　（借）現　　　　　金　　8,550　　（貸）先物取引差入証拠金　　8,550
　（借）現　　　　　金　　2,000　　（貸）先 物 利 益　　2,000

～デリバティブ取引がヘッジのためになされた場合の処理～
① 約定日（2月1日）
　（借）先物取引差入証拠金　　8,550　　（貸）現　　　　　金　　8,550
② 決算日（3月31日）
　（借）先 物 取 引 差 金　　1,000　　（貸）<u>繰 延 ヘ ッ ジ 利 益</u>　　1,000
③ 翌日（4月1日）
　（借）<u>繰 延 ヘ ッ ジ 利 益</u>　　1,000　　（貸）先 物 取 引 差 金　　1,000
④ 反対売買日（6月25日）
　（借）現　　　　　金　　8,550　　（貸）先物取引差入証拠金　　8,550
　（借）現　　　　　金　　2,000　　（貸）先 物 利 益　　2,000

※　下線の部分がヘッジ会計における繰延処理の特徴である

【例題3】

資料：×1年3月1日，権利行使期間3ヵ月後，株価指数13,000のコール・オプションを1単位（¥1,000）購入．
　　　オプション料¥325,000現金払い．
　　　期末（3月31日）の株価指数は14,000，オプション価値は¥400,000．
　　　5月31日（オプション決済期日）株価指数15,000で権利行使，代金は現金で受領した．

～デリバティブ取引の原則的処理～
① 約定日（3月1日）

第5章 デリバティブとヘッジ

  （借）買建オプション 325,000 （貸）現   金 325,000
② 決算日（3月31日）
  （借）買建オプション 75,000 （貸）オプション差益 75,000
③ 翌日（4月1日）
  （借）オプション差益 75,000 （貸）買建オプション 75,000
④ 決済日（5月31日）
  （借）現 金 2,000,000 （貸）買建オプション 325,000
              オプション差益 1,675,000

～デリバティブ取引がヘッジのためになされた場合の処理～
① 約定日（3月1日）
  （借）買建オプション 325,000 （貸）現   金 325,000
② 決算日（3月31日）
  （借）買建オプション 75,000 （貸）<u>繰延ヘッジ利益</u> 75,000
③ 翌日（4月1日）
  （借）<u>繰延ヘッジ利益</u> 75,000 （貸）買建オプション 75,000
④ 決済日（5月31日）
  （借）現 金 2,000,000 （貸）買建オプション 325,000
              オプション差益 1,675,000

ヘッジを行った場合，ヘッジ会計を適用するためには，恣意的利益操作防止のために以下の要件を満たしていることが求められる．

事前テスト：取引開始前に，ヘッジ取引が企業のリスク管理方針にしたがったものであるかどうかが以下のいずれかによって客観的に確認できること
  (a) 当該取引が企業のリスク管理方針にしたがったものであることが文書により確認できる
  (b) 企業のリスク管理方針に関して，明確な内部規定および内部統制組織が存在し，当該取引がこれにしたがって処理されることが期待される
事後テスト：取引開始後，以下のいずれかが継続的に認められ，ヘッジ手段の効果が定期的に確認されること

(a) ヘッジ対象とヘッジ手段の損益が，高い程度（80～125％の範囲内）で相殺される状態
(b) ヘッジ対象のキャッシュ・フローが固定され，その変動が回避される状態

演・習・問・題

問1 デリバティブ取引の代表的なものを説明しなさい．
問2 デリバティブ取引を行う動機について，投資目的とヘッジ目的に分けて説明しなさい．
問3 ヘッジ取引とヘッジ会計について説明しなさい．

参考文献

グロービス・マネジメント・インスティテュート（2005）『MBA ファイナンス』ダイヤモンド社
山澤光太郎（2005）『ビジネスマンのためのファイナンス入門』東洋経済新報社
井手正介・高橋文郎（2006）『ビジネスゼミナール　経営財務入門』日本経済新聞社
住友信託銀行・マーケット資金事業部門（2007）『デリバティブキーワード300』金融財政事情研究会

《推薦図書》

1. Harold, Jr. B., Peterson, D. S. and Johnson, L. T. (1991) *Research Report: Hedge Accounting: An Exploratory Study of the Underlying Issues, Financial Accounting Standards Board*, Financial Accounting Standards Board.（白鳥庄之助・富山正次・篠原光伸・小宮山賢・大塚宗春・石垣重男・山田辰己訳『ヘッジ会計—基本問題の探究』中央経済社，1994年）
   アメリカ財務会計基準委員会によって公表された，ヘッジ会計に関する先駆的な文献の和訳．
2. Salih, N. N. (2000) *An Introduction to the Mathematics of Financial*, Academic Press.（投資工学研究会訳『ファイナンスへの数学—金融デリバティブの基礎』朝倉書店，2001年）
   金融デリバティブ，デリバティブ商品に関して数値例を用いた解説書．金利デリバティブにも言及されている．

第III部
会計の基本

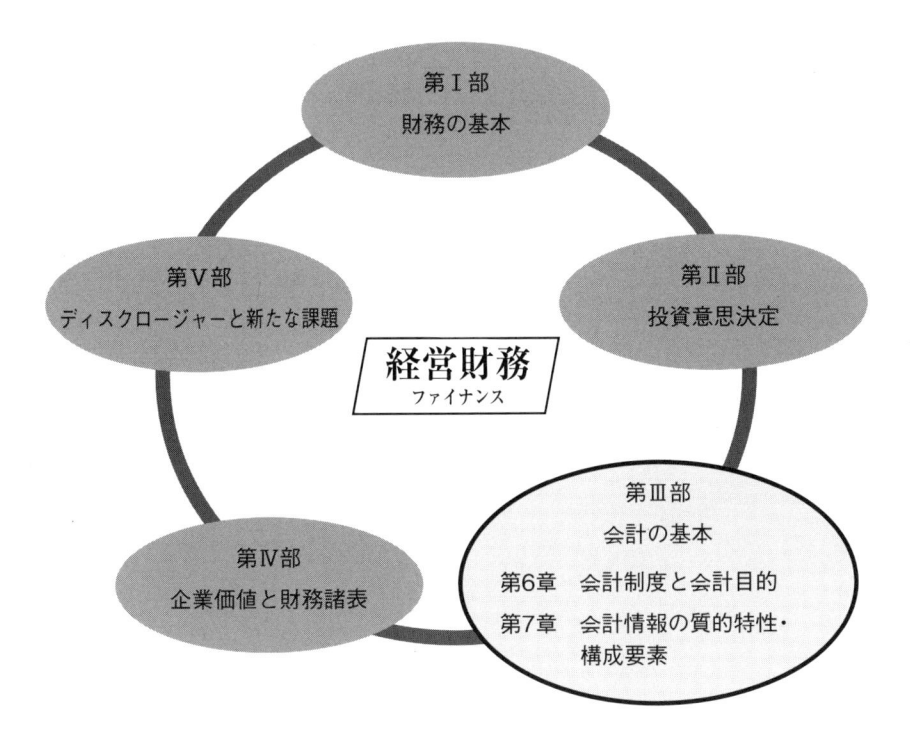

- 第I部　財務の基本
- 第II部　投資意思決定
- 第IV部　企業価値と財務諸表
- 第V部　ディスクロージャーと新たな課題

経営財務
ファイナンス

第III部　会計の基本
第6章　会計制度と会計目的
第7章　会計情報の質的特性・構成要素

第6章の要約

　財務的意思決定を行う際には，企業内部情報を用いた，財務行動目的にそった計算や判断がなされるが，一方で，企業の経営成績や財政状態について信頼にたる，客観的情報を提供する社会的なインフラに会計制度がある．財務会計といわれる領域である．

　企業が作成・公表する会計情報が，企業とさまざまな経済的利害関係のある投資意思決定者によって合理的にもちいられるためには，情報の信頼性・客観性が求められるところであり，そのために一定のルールによって構成される会計制度が存在する．会計ルールは，それへの準拠要請の強弱によってさまざまな種類のものがあるが，制度として最低限守られねばならない法的な要請と，それが守られたうえで，より有用な情報の作成・開示を求める要請とが存在する．

第6章　会計制度と会計目的

　わが国の財務会計制度は，トライアングル・システムと称される特徴を有している．これは，わが国においては，会計という行為が3つの法規に規制され，それぞれの法制度がお互いに関係性を保ちながらも異なる法目的を有する制度として構成されていることを指す表現である．その3つの法とは，「商法」（「会社法」）「金融商品取引法」「税法」である．

　「会社法」は平成18年5月に施行されたが，それまでわが国では長い期間「商法」が会社計算に関する規定を設けていた．

　その「商法」は，明治23年に制定（明治32年施行）されたものであり，すべての商人を対象とする法である．「商法」は本来，財産計算を基本とする会計関連規定を有するものであったが，利益計算（損益計算）を中心とする会計理論との調整や社会経済的環境の変化に対応したいくたびかの改正を経て，会計関連規定として配当可能利益計算を中心とする債権者保護思考，資本維持充実思考が基底にあると解されるものであるが，現行「会社法」では，株式会社における最低資本金制度の撤廃などの大幅な改正がなされた．

　また，「証券取引法」は昭和24年に施行された上場企業を対象とする法であり，会計関連規定としては投資家保護を目的としたディスクロージャーの充実を基底とするものであるが，関連法規と統合され，現在では「金融商品取引法」として規定の整理がなされている．

　「税法」は課税の公正化・公平化を目的とした法規であるが，課税政策との関係が強いところから，本章では関連箇所で部分的にとりあげるものの総体的解説は省略する．

　一方，法規類ではないものの，企業が会計行為を実践する際に準拠するべきルールとして会計基準類がある．これらは一定の立法手続きはとられていないものの，その権威性や会計制度における準拠性要請の必要性から，わが国会計制度に大きな影響力を有するものである．以下，これら法規類・基準類の特質

をみることとする．

1. 「会社法」

　「会社法」において，会計は，会社の出資者と債権者との間にある経済的利害の対立を調整する機能として位置づけられている．株式会社の場合，具体的には出資者たる株主と，債権者たる金融機関や社債券者との間に見受けられる経済的利害の調整としてみることができる．ここに，両者の経済的利害の対立とは，具体的には会社の財産（資産）に対する持分としてあらわれることになる．

　株式会社の場合，株主有限責任制のもと，会社債権者が自己の債権について返済請求ができるのは会社の財産（資産）に対してであって，出資者（会社所有者）である株主の個人的財産（資産）にまで及ぶものではない．その会社資産の具体的運用を決める意思決定は，株式会社の最高意思決定機関である株主総会であるところから，債権者の利益がともすると損なわれかねないという危険性があり，ここに債権者を保護する視点からも利害調整の必要性がでてくるのである．

　こうした両者の利害調整が，会計という行為規定においては配当可能利益計算規定と資産・負債の評価規定としてあらわれてくることになる．すなわち，ここに配当可能利益計算規定とは，配当可能上限額の決定規定であり，会社財産（資産）の過度のもしくは不当な流出を防ぐ意味で規定されるのである．そして，この配当可能利益計算を構成する資産・負債に関して評価規定が設けられるという関係になる．

　もっとも，「会社法」はただ債権者保護のみを予定しているものではなく，会社財産（資産）や損益の状況を適切に開示させることをもって，株主に対する説明責任を果たし，または株主の経済的意思決定に資すべく，株主利益の保護にも配慮している．

　配当可能利益計算における資産・負債評価の重要性に加えて，債権者に対する担保を意味する資本の維持拘束性も「会社法」会計においては重要な視点で

ある．現行「会社法」では，従来の「資本概念」に変化が見受けられるため，別節で詳解することとする．

❷ 「金融商品取引法」

「金融商品取引法」では，「この法律は，企業内容等の開示の制度を整備するとともに，金融商品取引業を行う者に関し必要な事項を定め，金融商品取引所の適切な運営を確保すること等により，有価証券の発行及び金融商品等の取引等を公正にし，有価証券の流通を円滑にするほか，資本市場の機能の十全な発揮による金融商品等の公正な価格形応を図り，もって国民経済の健全な発展及び投資者の保護に資することを目的とする」（第１条）として，基本的法目的として投資者保護をうたっている．これが会計行為においては，企業（有価証券発行会社）の適切かつ充分な情報開示規定としてあらわれることにある．すなわち，そこでは投資者が自ら行った投資行動の結果として被った損失の直接的保障としての投資者保護ではなく，自己責任に基づく道理的な投資行動を制度的に保証するという意味での，換言すれば，投資者が合理的判断（合理的意思決定）の下に合理的投資行動がとれるように充分な情報を提供するという意味でのディスクロージャー制度の確立が重視されることとなる．

　こうした情報開示制度（方策）は具体的には次のようなものとして規定されている．

　まず，一定規模（発行価額または売出価額の総額が１億円以上）の有価証券を募集する，または売り出す会社は「有価証券届出書」を提出しなければならない．これは，企業内容等に係る情報として，証券情報（当該募集又は売出しに関する事項）および企業情報（発行者である会社の属する企業集団および当該会社の経理の状況，事業の内容等に関する事項）等をその記載内容とした書類である．

　次に，当該届出をした会社，上場会社，店頭登録会社は，「有価証券報告書」を毎決算期後３ヵ月以内に（１年決算の会社においては期央を決算日とする半

期報告書も）提出しなければならない．

　この「有価証券届出書」および「有価証券報告書」に含まれる財務諸表（連結財務諸表，個別財務諸表）が会計報告書である（半期報告書においては中間財務諸表という）．

　連結財務諸表は，連結貸借対照表，連結損益計算書，連結剰余金計算書（「会社法」規定により「連結株主資本等変動計算書」へと移行），連結キャッシュ・フロー計算書から構成され，これら計算書に係る用語・様式といった形式的規定として，「連結財務諸表規則」と「連結財務諸表規則ガイドライン」がある．

　個別財務諸表は，貸借対照表，損益計算書，利益処分計算書（または損失処理計算書），付属明細表，キャッシュ・フロー計算書から構成され，これら計算書に係る用語・様式といった形式的規定として，「財務諸表等規則」と「財務諸表等規則ガイドライン」がある．

　ここに，個別財務諸表とは，法人格を有する独立した個々の会社を単位として，その個別の会社の財政状態や経営成績を報告するために作成されるものであり，連結財務諸表とは，ある会社が他の会社を実質的に支配しているといった親会社・子会社関係にあるような企業集団を構成している場合の，当該企業集団としての財政状態や経営成績を報告するために作成されるものである．

　連結財務諸表に係る「連結財務諸表規則」・「連結財務諸表規則ガイドライン」，個別財務諸表に係る「財務諸表等規則」と「財務諸表等規則ガイドライン」が財務諸表作成における形式面での基準であるが，財務諸表構成要素である資産・負債・資本・収益・費用に関する実質面（認識・測定）についての規定は，企業会計審議会から「企業会計原則および同注解」「連結財務諸表原則および同注解」が公表されている．これらは，先に触れたように，法規類ではないもののわが国会計制度においては重要な「規範」となっている．次に，こうした会計基準について触れることとする．

3. 会計基準

　わが国の会計基準は，その設定・公表団体の性質から，おおきく2種類のものが存すると考えられる．そのひとつは企業会計審議会から公表された会計基準であり，もうひとつは企業会計基準委員会から公表されたものである．
　まず，設定団体の性格と，そこでの会計基準の制度的位置づけを概観する．
　企業会計審議会は，国務大臣の諮問機関という位置づけにあり，「企業会計原則・同注解」の公表組織である（もっとも「企業会計原則・同注解」が昭和24年に公表された際は，経済安定本部企業会計制度対策調査会中間報告という形となっている）．
「企業会計原則・同注解」は当時，「その設定について」として，

　　「一　我が国の企業会計制度は，欧米のそれに比較して改善の余地が多く，且つ，甚だしく不統一であるため，企業の財政状態並びに経営成績を正確に把握することが困難な実情にある．我が国企業の健全な進歩発達のためにも，社会全体の利益のためにも，その弊害は速かに改められなければならない．

　　又，我が国経済再建上当面の課題である外資の導入，企業の合理化，課税の公正化，証券投資の民主化，産業金融の適正化等の合理的な解決のためにも，企業会計制度の改善統一は緊急を要する問題である．

　　仍って，企業会計の基準を確立し，維持するため，先ず企業会計原則を設定して，我が国国民経済の民主的で健全な発達のための科学的基礎を与えようとするものである」という目的が示されている．

　その後，数次にわたる修正を経て，今日においても会計規範として重要な位置を占めるものであるが，会計制度上の位置づけとしては長い間不明確であった．
　「会社法」との関係においてみるならば，第431条規定として「株式会社の会計は，一般に公正妥当と認められる企業会計の慣行に従うものとする．」と

いう条文が規定されており，企業会計原則が「一般に公正妥当と認められる企業会計の慣行」のひとつであるという解釈をもって，その法的裏づけがなされていると位置づけられている．また，「財務諸表等規則」との関係においてみるならば，第1条「…この規則において定めのない事項については，一般に公正妥当と認められる会計基準に従うものとする」という規定の「一般に公正妥当と認められる会計基準」との関係が解釈の対象となっていた．しかるに，現在では同第1条2において「金融庁組織令（平成10年政令第392号）第24条に規定する企業会計審議会により公表された企業会計の基準は，前項に規定する一般に公正妥当と認められる会計の基準に該当するものとする」旨が規定され，「証券取引法」との関係においても，その法的裏づけが付されている．

一方，企業会計基準委員会は，わが国で平成8年から始まる，いわゆる会計ビッグバン（会計制度改革）の動きのなかで，会計基準設定主体それ自体の国際的潮流との関係や，その拡充・強化のための再検討をとおして設立された，（財）財務会計基準機構のなかに設置された団体である．（財）財務会計基準機構が民間組織であるという点で，先の企業会計審議会とはその組織基盤の性格を異にするものである．

（財）財務会計基準機構は，その目的および事業を次のように示している．

「財団は，一般に公正妥当と認められる企業会計の基準の調査研究・開発，ディスクロージャー制度その他企業財務に関する諸制度の調査研究及びそれらを踏まえた提言並びに国際的な会計制度への貢献等を行い，もってわが国における企業財務に関する諸制度の健全な発展と資本市場の健全性の確保に寄与することを目的とし，次の事業を行います．

1　一般に公正妥当と認められる企業会計の基準の調査研究及び開発
2　ディスクロージャー制度その他企業財務に関する諸制度の調査研究
3　前2号の事業の成果を踏まえた提言及び広報・研修活動
4　国際的な会計基準の整備への貢献」

この（財）財務会計基準機構のなかに設置された企業会計基準委員会は，

「一般に公正妥当と認められる企業会計の基準の調査研究・開発，ディスクロージャー制度その他企業財務に関する諸制度の調査研究及びそれらを踏まえた提言並びに国際的な会計制度への貢献などを行うこと」を目的として活動するものである．後に触れるように，すでに何種類かの会計基準を公表しているが，この制度的位置づけについては，「企業会計原則」に比して一部不安定なところがある．すなわち，企業会計基準委員会の公表した基準については「財務諸表規則ガイドライン」が同公表物全体を一括して認めているのではなく，「財務諸表規則ガイドライン」における個別的な関連部分に限定して「一般に公正妥当と認められる会計基準」としての承認を与えているに留まるのである．

以上，現在わが国の会計制度において重要な位置を占める会計基準について，その設定団体と，その制度的位置づけについて概観した．

次に，それら会計基準の内容を概説する．

「企業会計原則・同注解」は会計行為全般および財務諸表の構成要素である資産・負債・資本・収益・費用に関しても実質面を中心とした体系的な規範を設定している．

会計行為全般に関する基準としては「一般原則」として真実性の原則，正規の簿記の原則，資本取引・損益取引区分の原則，明瞭性の原則，継続性の原則，保守主義の原則，単一性の原則が示され，続いて「損益計算書原則」として収益・費用の，「貸借対照表原則」として資産・負債・資本の体系的基準が示されている．この「企業会計原則・同注解」は包括的・体系的基準としてわが国会計制度を支えてきた重要な会計基準であるが，次に示すように，企業会計基準委員会から公表された会計基準との整合性との関係で，その一部は新基準に読み替えられて適用されているのが現状である．

企業会計基準委員会は，先述のように会計ビッグバンと称される会計制度改革の流れのなかでいくつかの会計基準を公表してきているが，それらの特徴として，「企業会計原則」のような体系的包括的基準ではなく，会計事象を個別に対象とするピースミールアプローチに基づく基準であることと，国際会計基

第6章 会計制度と会計目的

準との調和ないしはそれとの調整を意図した，新しい会計領域に踏み込んでいることをあげることができる．

ここに，会計制度改革において公表された会計基準を示すと，次のようになる．

【企業会計審議会関係】

「連結財務諸表原則」（最終改正）：平成9年6月6日
「中間連結財務諸表等の作成基準」：平成10年3月13日
「連結キャッシュ・フロー計算書等の作成基準」：平成10年3月13日
「研究開発費等に係る会計基準」：平成10年3月30日
「退職給付に係る会計基準」：平成10年6月16日
「税効果会計に係る会計基準」：平成10年10月30日
「連結財務諸表制度における子会社及び関連会社の範囲の見直しに係る具体的な取扱い」：平成10年10月30日
「金融商品に係る会計基準」：平成11年1月22日
「外貨建取引等会計処理基準」（最終改正）：平成11年10月22日
「固定資産の減損に係る会計基準」：平成14年8月9日
「企業結合に係る会計基準」：平成15年10月31日

【企業会計基準委員会関係】

企業会計基準適用指針第1号：平成14年1月31日
　「退職給付制度間の移行等に関する会計処理」
企業会計基準第1号：平成14年2月21日
　「自己株式及び法定準備金の取崩等に関する会計基準」
企業会計基準適用指針第2号：平成14年2月21日
　「自己株式及び法定準備金の取崩等に関する会計基準適用指針」
企業会計基準適用指針第3号：平成14年2月21日
　「その他資本剰余金の処分による配当を受けた株主の会計処理」
実務対応報告第1号：平成14年3月29日
　「新株予約権及び新株予約権付社債の会計処理に関する実務上の取扱い」
実務対応報告第2号：平成14年3月29日
　「退職給付制度間の移行等の会計処理に関する実務上の取扱い」
実務対応報告第3号：平成14年5月21日
　「潜在株式調整後1株当たり当期純利益に関する当面の取扱い」

実務対応報告第4号:平成14年8月29日
　「連結納税制度を適用する場合の中間財務諸表における税効果会計に関する当面の取扱い」
企業会計基準第2号:平成14年9月25日
　「1株当たり当期純利益に関する会計基準」
企業会計基準適用指針第4号:平成14年9月25日
　「1株当たり当期純利益に関する会計基準の適用指針」
企業会計基準適用指針第5号:平成14年9月25日
　「自己株式及び法定準備金の取崩等に関する会計基準適用指針(その2)」
実務対応報告第5号:平成14年10月9日
　「連結納税制度を適用する場合の税効果会計に関する当面の取扱い(その1)」
実務対応報告第6号:平成14年10月9日
　「デット・エクイティ・スワップの実効時における債権者側の会計処理に関する実務上の取扱い」
実務対応報告第7号:平成15年2月6日
　「連結納税制度を適用する場合の税効果会計に関する当面の取扱い(その2)」
実務対応報告第8号:平成15年2月6日
　「コマーシャル・ペーパーの無券面化に伴う発行者の会計処理及び表示についての実務上の取扱い」
実務対応報告第9号:平成15年3月13日
　「1株当たり当期純利益に関する実務上の取扱い」
実務対応報告第10号:平成15年3月13日
　「種類株式の貸借対照表価額に関する実務上の取扱い」
実務対応報告第11号:平成15年9月22日
　「外貨建転換社債型新株予約権付社債の発行者側の会計処理に関する実務上の取扱い」
企業会計基準適用指針第6号:平成15年10月31日
　「固定資産の減損に係る会計基準の適用指針」
実務対応報告第12号:平成16年2月13日
　「法人事業税における外形標準課税部分の損益計算書上の表示についての実務上の取扱い」
実務対応報告第13号:平成16年3月9日
　「役員賞与の会計処理に関する当面の取扱い」

第6章　会計制度と会計目的

実務対応報告第14号：平成16年3月22日
　「固定資産の減損に係る会計基準の早期適用に関する実務上の取扱い」
実務対応報告第15号：平成16年11月30日
　「排出量取引の会計処理に関する当面の取扱い」
企業会計基準第3号：平成17年3月16日
　「『退職給付に係る会計基準』の一部改正」
企業会計基準適用指針第6号：平成17年3月16日
　「『退職給付に係る会計基準』の一部改正に関する適用指針」
企業会計基準第4号：平成17年11月29日
　「役員賞与に関する会計基準」
企業会計基準第5号：平成17年12月9日
　「貸借対照表の純資産の部の表示に関する会計基準」
企業会計基準第6号：平成17年12月27日
　「株主資本等変動計算書に関する会計基準」
企業会計基準第7号：平成17年12月27日
　「事業分離等に関する会計基準」
企業会計基準第8号：平成17年12月27日
　「ストック・オプションに関する会計基準」
企業会計基準第9号：平成18年7月5日
　「棚卸資産の評価に関する会計基準」
企業会計基準第10号：平成18年8月11日
　「金融商品に関する会計基準」
企業会計基準第11号：平成18年10月17日
　「関連当事者の開示に関する会計基準」
企業会計基準第12号：平成19年3月14日
　「四半期財務諸表に関する会計基準」
企業会計基準第13号：平成19年3月30日
　「リース取引に関する会計基準」

【討議資料】

　「財務会計の概念フレームワーク」の公表：平成15年7月2日
　わが国の「企業会計原則」は帰納的演繹法または演繹的帰納法ともよばれる

作成手段がとられているところに特徴がある．その前文において，「企業会計原則は，実務のなかに慣習として発達したもののなかから，一般に公正妥当と認められるところを要約したものであって」と記述されているように，まず，実務を観察し，そのなかから慣習と発達したものが抽出される．これが最終的に要約されるのであるが，その要約は機械的，無制約なものではなく，一般に公正妥当であるか否かという判断が介入している．前段が帰納的な方法であり，後段が演繹的手法であるといえよう．つまり，その要約の過程において，会計理論や整合性判断が働き，ただ単に実務の中に慣習として発達したものが要約されているわけではないのである．

この「企業会計原則」において，わが国での会計行為に関する包括的支持が一般原則として7項目示されている．以下，それらを詳解する．

(1) 真実性の原則

「企業会計は，企業の財政状態および経営成績につき，真実な報告をするものでなければならない．」

この規定は，一見すると当然のことを要求しているように見受けられるが，ここで問題となるのは，「真実な報告」とは何か，何をもって真実性と判断するのか，ひいては，その真実性はどのような手段をもって確保されうるのかという諸点である．

まず，通説的見解として，ここにいう真実性とは「相対的真実性」を意味するものとして解されている．これは，会計における絶対的真実性が，会計という領域の本来的性格からして確保されえないということをもって説明される．

会計行為をとおした会計情報の絶対的真実性が確保されない理由は，以下の3点から確認できるところである．

第1に，会計の目的関連性（目的適合性）という視点からの検討である．会計，とくに財務会計は，企業の経済活動・経営活動を情報化して外部の情報利用者に提供する機能をその本質とするが，ここで企業から作成・開示される情報が制度的に意味をもつためには，情報の受け手が有する情報ニーズへの合致

性が必要条件となる．つまり，社会・経済的環境の変化などに伴い，情報の受け手の情報ニーズが変化すれば，それに合わせるかたちでおのずから会計情報の内容も変化せざるをえない関係にある．ここに，歴史的視点，環境的視点から，会計行為および会計情報の絶対性は否定されることになるのである．

第2に，現行の会計を前提とした場合でも，会計行為の特徴としての見積行為の必然的介入という制約がある．われわれは，企業という存在を，当座的なものとしてではなく継続的な事業遂行体としてみている．実際には解散・清算する企業は存在するが，少なくともそれを目的としている企業は想定できないのであり，企業というものは価値増殖・価値創造を目指して継続的に事業を遂行していくものとみている．このような継続企業という企業観から，会計の場で必然的に求められるのが，人為的な会計期間設定の必要性である．企業の創設からその終了までをひとつの会計計算対象としたのでは現実性がないばかりか，会計情報提供機能も果たすことができない．ここに人為的な，現在では暦年を使用した会計期間設定の必要性がある．

会計期間を設定し，会計期間ごとに決算を行うことで会計情報が作成・提供されるのであるが，そもそも企業資本の投下・回収期間は会計期間を意識して，それとの一致を求めて行われるものではない．すなわち，会計期間をまたぐ資本循環があるのは当然のこととなる．しかし，その資本循環を一定の仮定のもとに切断しておかないと，決算をとおした会計情報の作成は不可能である．たとえば，減価償却計算や各種引当金の見積りという会計行為は，将来事象にかかる予測・見積りをとおして行われる．

このように，会計行為には，必然的に見積行為が介入するのである．この会計行為に特有の性質をみると，そこに絶対的真実性は要求されえないことが理解できる．

第3に，わが国会計基準は，企業の財政状態や経営成績を，その企業の特質を反映させるかたちで情報化させるために，ひとつの会計事実に複数の会計処理・手続の選択適用を認めている．たとえば，減価償却費の計算方法では，定

額法，定率法，級数法，生産高比例法のなかからの選択を認めており，また，棚卸資産の貸借対照表価額の算定方法として，先入先出法，後入先出法，平均法（移動平均法・総平均法），個別法のなかからの選択を認めている．このように，ひとつの会計事実に複数の処理法の選択適用が認められているもとでは，会計情報の絶対性は要求されえないことになる．

以上3つの視点からわかるように，会計において絶対的真実性は確保されえない．そこで，対象を会計情報化する行為において期待される真実性は，相対的な真実性であると解されることになる．

では，見積計算の介入や複数処理法からの選択適用という「主観」の介入する会計行為において，相対的ではあっても，制度的に安定した（社会的コンセンサスを得られるような）真実性はどのように確保され得るのであろうか．

これは，会計行為における「主観」を，いかに「客観」に転化するかという問題となる．ここに，わが国会計制度においては，「主観」の幅を狭めること，すなわち，主観的行為の排除はできなくとも，認められた枠のなかでの「主観」の介入というシステムをつくることで対応がなされている．認められた枠，それはすなわち「企業会計原則」に代表される各種会計基準類である．

そこで，真実性の原則は，相対的真実性を要求する，会計行為に係る最高規範として，会計基準への準拠性（原則準拠性）を要求する原則として解されているのである．

(2) 正規の簿記の原則

「企業会計は，すべての取引につき，正規の簿記の原則に従って，正確な会計帳簿を作成しなければならない．」

この原則は一見すると，具体的に何を求めているものか判断しかねる文言となっている．つまり，正確な会計帳簿を作成するためには正規の簿記の原則に準拠しなければならないのであるが，その正規の簿記の原則とは何かと問うならば，上記文言になってしまうのである．

そこで，この原則の要求する「正規の簿記」とは何か，が問われることになる．一般に，その記録が正規の簿記の原則に準拠していると判断されるための要件として，次の3点が指摘されている．

- 網羅性
- 検証可能性
- 秩序性

ここに網羅性とは，すべての取引が脱漏なく記録の対象となっていることを求める要件である．検証可能性とは，記録に際しては，後になって検証可能な裏づけ（証憑等）が必要であることを求める要件である．そして秩序性とは，原初記録から最終的な財務諸表が一定の秩序を保って構成されていることを求める要件である．

網羅性と検証可能性は取引の記録時点での行為要件であり，秩序性は原初記録としての仕訳帳と最終的なアウトプット情報としての財務諸表との間の有機的関連性を求める帳簿組織体系に係る要件である．

(3) 資本取引・損益取引区分の原則

「企業会計は資本取引と損益取引を明瞭に区別し，特に資本剰余金と利益剰余金とを混同してはならない．」

この原則は，企業の活動の「元本」と，その運用結果としての「果実」の明確な区分を求める原則である．もし，これらが混同されてしまうと，適正な利益計算がなされなくなるばかりでなく，会計情報をとおした利害関係者の利害調整機能も阻害されることになる．

たとえば，本来ならば「元本」として把握されるべき部分が「果実」の部分に混入して把握されてしまうと，「果実」の処分（利益処分）をとおして，維持拘束すべき企業の経済的基盤が社外に流出し，もって当該基盤の脆弱化を招くことになってしまう．反対に，本来「果実」として把握されるべき部分が「元本」の部分に混入して把握されてしまうと，「果実」の適正な分配が阻害さ

れ，結果として過度に債権者保護的な計算結果を招くことになってしまう．

そもそも，どのような取引が資本取引であるか，また損益取引であるかの区別は単純なものではない．出資者による資本拠出取引および出資者に対する利益分配取引は明確に資本取引であり，また，経常的かつ正常な企業活動は損益取引であると解される．しかし，資本に関する規定は，すぐれて法的規定がかかわるものであり，「会社法」規定との関係で解釈されるべきであるとする見解もある．

(4) 明瞭性の原則

「企業会計は，財務諸表によって，利害関係者に対し必要な会計事実を明瞭に表示し，企業の状況に関する判断を誤らせないようにしなければならない．」

この原則は財務諸表作成における表示行為に係る原則である．利害関係者の判断，すなわち経済的意思決定に資するべく，明瞭な表示を求める原則であるが，どのような手段をもって明瞭表示とするかについて，一般に次の諸法が示されている．

1) 総額主義の原則

これは具体的に，収益と費用の直接相殺禁止，資産と負債の直接相殺禁止という内容である．これらの間で直接相殺が行われ，純額での財務諸表表示がなされてしまうと，前者においては企業の取引規模・利益獲得効率が不明になってしまうし，後者においては企業の財政規模・投資効率が不明となってしまう．一部の会計基準で認められている相殺行為（為替差損と為替差益の相殺など）を除けば，これら項目はそれぞれの総額をもって規模を適正に示すことが明瞭表示につながると解されている．

2) 財務諸表の様式

損益計算書様式としての報告式，貸借対照表様式としての勘定式は，それぞれの報告書が示そうとしている内容をより把握しやすいようにする工夫である．損益計算書においては活動区分ごとに対応関係を意識した損益表示がなされる

ことによって利益の発生源泉の明瞭表示に資するし，貸借対照表においては資金の調達源泉とその運用形態が対置表示されることをもって財政状態の一覧把握が可能となり，もって明瞭表示に資すると解されている．

3）区分の設定

これは，上記の様式と関係するところであるが，損益計算書において営業損益の部・経常損益の部・純損益の部という区分を設けて段階的に各種損益を表示することは，利益獲得にいたる活動内容ごとの効率性や有効性の把握に資することになる．また，貸借対照表においては資産の部および負債の部における流動・固定の分類が，企業の債務弁済能力や安全性を把握することに資することになり，もって明瞭表示に資すると解されている．

4）項目設定上の概観性

簿記という記録行為においては，その管理機能的側面から，取引内容は詳細に把握されるべきである．具体的には勘定科目は詳細であればあるほど，管理という視点からは有用な記録情報を提供する．しかし，それをそのまま財務諸表に反映させるといたずらに情報量が多くなり，会計情報の一覧把握に支障をきたすことになる．したがって，たとえば陸上輸送具は一括して車両運搬具勘定で記載するなどの工夫が明瞭表示に資すると解されている．

5）注記

財務諸表の本体情報のさらなる理解を助ける方法として，注記による情報開示も明瞭表示に資すると解されている．

(5) 継続性の原則

「企業会計は，その処理の原則及び手続を毎期継続して適用し，みだりにこれを変更してはならない.」

この原則は，ひとつの会計事実に複数の会計処理手続の選択適用が認められている場合に機能する原則である．つまり，制度的に認められていない手続から認められていない手続への変更，制度的に認められている手続から認められ

ていない手続への変更，さらには制度的に認められていない手続から認められている手続への変更といったパターンは対象としていない点に留意する必要がある．

先に触れたように，わが国の会計基準では，ひとつの会計事実に複数の会計処理方法の選択適用が認められているが，この選択適用は任意・無制約に認められるものではない．そこでは，以下のような要求から会計処理の継続適用が求められるのである．

1) 財務諸表の期間比較性の確保

会計処理の変更が任意・無制約に認められてしまうと，財務諸表上の数値に期間的な比較可能性が損なわれてしまう．そこで，ひとつの会計事象に関しては，いったん選択した会計処理方法の継続適用が求められることになる．

2) 利益操作の排除

会計処理の変更が任意・無制約に認められてしまうと，会計操作の温床になりかねない．ここでも，ひとつの会計事象に関しては，いったん選択した会計処理方法の継続適用が求められることになる．

こうした理由から継続性の原則が求められるのであるが，一方で「みだりに変更してはならない」という文言からも解されるように，この会計処理の継続適用という要請は絶対的なものではない．すなわち，「正当な理由」が存する場合には，会計処理の変更は認められる．ここに「正当な理由」とは何かという問題が生ずるが，最終的には監査における判断，その経験的蓄積として醸成されるものであろうが，一般に次のような場合に，会計処理の変更は「正当な理由」による変更と認められると解されている．

① 企業内部環境の変化：経営方針の転換，経営目的の変更，事業内容の大幅な変更など

② 企業外部環境の変化：法律の制定・改廃，過度の貨幣価値変動など

また，一方で，真実性の原則が最高規範であるという位置づけに関連させて，継続性の原則が要求するところの「財務諸表の期間比較性の確保」「利益操作

の排除」という要請は,真実性を支える手段であって,これらをとおして相対的に真実な会計情報の作成に資するために原則であるとする解釈からは,環境変化などによって企業のおかれている状況に変化がみられた場合,より真実な情報の作成・開示のためには「変更することができる」とする解釈よりも,むしろ「積極的に変更すべき」とする解釈も見受けられるところである.

(6) 保守主義の原則

「企業の財政に不利な影響を及ぼす可能性がある場合には,これに備えて適当に健全な会計処理をしなければならない.」

この原則は,将来の不確実なリスクに備えて,適当に健全な会計処理をするよう求めるものであるが,ここに,適当に健全な会計処理とは具体的に何かが問題となる.それは,認められた範囲内で,「収益は遅めに費用は早めに」計上することにある.すなわち,結果として利益を遅めに(小さめに)計上することがその目的となる.利益は業績指標性を示す重要な情報であるが,一方で,処分可能性をも示す情報でもある.処分可能な利益の計上期間を,認められる範囲内で遅めに(小さめに)計上することとは,ひいては企業内部に価値の蓄積をもたらすことになり企業の財政的基盤の安定化につながるということになる.

この思考は,会計理論から必然的に導き出されるという性質のものではなく,会計行為において古くから慣習として求められ,また認められてきたものである.その意味で,ほかの一般原則が理論規範としての性質をもっているのに対して,この保守主義の原則は実践規範としての性質をもつものと特徴づけることができる.

この保守主義の原則の具体的適用例としては,減価償却計算における(一般的な意味において)定率法の採用や,引当金の設定などで見積行為がなされる際に,適正になされた見積値の幅のなかで数学的平均値をとるのではなくもっとも保守的な結果となる数値を選択するなどがあげられる.

なお，この保守主義の原則に関しては，「収益は小さめに，費用は大きめに」という表現で示されることがあるが，全体計算というものを仮定するならば，ひとつの企業における全収益と全費用はどのような方法をとろうとも一定（確定的）であると考えられるところから，一会計期間のみを対象としてそこだけの収益・費用という意味においては適切な表現であるかもしれないが，企業損益計算の継続性・連続性を考慮の対象とするならば，それは期間帰属の問題として，先に触れたように「収益は遅めに費用は早めに」という表現が妥当かと思われる．

　保守的な経理というものは，ともすると企業の財政的保身に利用され，秘密積立金の設定などという認められない不適正な会計行為を招きかねない性質をもつ．そこで，「企業会計原則」では，その注解において，あえて過度の保守主義は排除さるべき旨を指示しているものと考えられる．

(7) 単一性の原則

　「株主総会提出のため，信用目的のため，租税目的のため等種々の目的のために異なる形式の財務諸表を作成する必要がある場合，それらの内容は，信頼しうる会計記録に基づいて作成されたものであって，政策の考慮のために事実の真実な表示をゆがめてはならない．」

　この原則は，その文言に示されるように，財務諸表の形式は多元的であってもその情報の源，すなわち基礎資料は一元的なものでなければならないことを求めるものである．還元すれば，形式多元・実質一元を求めるものである．

(8) 重要性の原則

　「企業会計は，定められた会計処理の方法に従って正確な計算を行うべきものであるが，企業会計が目的とするところは，企業の財務内等を明らかにし，企業の状況に関する利害関係者の判断を誤らせないようにすることにあるから，重要性の乏しいものについては，本来の厳密な会計処理によらないで他の簡便

な方法によることも正規の簿記の原則に従った処理として認められる.」

この原則は，一般原則ではなく，注解として示されているものである．文言からも解釈されるように，一般原則の7つは「～ねばならない」規定となっているが，重要性の原則は「～認められる」「～してもよい」という意味での容認原則である．

内容として，重要性の乏しいものの簡便な処理容認規定となっているが，この解釈に関しては，したがって，重要性の高いものは厳密な処理をしなければならないという意味も含意されているとする解釈がある．

ここに，重要性の判断視点であるが，これは会計情報が基本的に勘定科目と金額から構成されていることに鑑みて，勘定科目としての重要性と金額としての重要性という2つの判断視点が設定されることになる．

また，重要性の乏しいものの簡便な処理として示されている例示からもわかるように，会計の実質面（認識面）と会計の形式面（表示面）双方に係る原則である点もその特徴である．

4. 会計目的

わが国の会計制度において，明確なステートメントとしての会計目的観は示されていない．現時点では，企業会計基準委員会から公表されている「討議資料　概念フレームワーク」において次のように示されているところである．

〔ディスクロージャー制度と財務報告の目的〕
1　企業が生み出す将来のキャッシュフローを予測するうえで，企業の直面している状況に関する情報は不可欠であるが，その情報を入手する機会について，投資家と経営者の間には一般に大きな格差がある．このような状況のもとで，情報開示が不十分にしか行われないと，企業の発行する株式や社債などの価値を推定する際に投資家が自己責任を負うことはできず，それらの証券の円滑な発行・流通が妨げられることにもなる．情報の非対称性を緩和し，それが生み出す市場の機能障害を解決するた

め，経営者による私的情報の開示を促進するのがディスクロージャー制度の存在意義である．

2 投資家は不確実な将来キャッシュフローへの期待のもとに，みずからの意思で自己の資金を企業に投下する．その不確実な成果を予測して意思決定する際，投資家は企業が資金をどのように投資し，実際にどれだけの成果をあげているかについての情報を必要としている．経営者に開示が求められるのは，基本的にはこうした投資のポジションとその成果に関する情報である．投資家の意思決定に資するディスクロージャー制度の一環として，それらを測定して開示するのが，財務報告の目的である．

3 財務報告において提供される情報のなかで，特に重要なのは投資の成果を表す利益情報である．利益は基本的に過去の成果であるが，企業価値評価の基礎となる将来キャッシュフローの予測に広く用いられている．利益の情報を重視することは，同時に，資本（純利益を生み出す投資の正味ストック）の情報を重視することも含意している．投資の成果の絶対的な大きさのみならず，それを生み出した資本と比較した収益性（あるいは効率性）も重視されるからである．

一方，国際会計基準においては，その概念フレームワークに財務諸表の目的が明確に示されている．すなわち，「財務諸表の目的は，広範な利用者が経済的意思決定（economic decisions）を行うにあたり，企業の財政状態，経営成績および財政状態の変動に関する有用な情報を提供することにある」(par. 12)として，意思決定有用性アプローチによる会計目的観を明示的に示している．ここに示される「企業の財政状態，経営成績および財政状態の変動」については，その内容が次のように示されている．

「経済的意思決定には，現金および現金同等物を創出する企業の能力と，そのタイミングおよびその確実性の評価が含まれる．こうした企業能力の評価を通じて，賃金の支払，仕入先への支払，利息の支払，借入金の返済，

配当支払能力等が判定される．企業が保有する経済的資源に関する情報は，将来の現金および現金同等物を創出する企業の能力を予測する際に有用となる．財務構造に関する情報は，将来の借入の必要性の予測，将来の利益およびキャッシュ・フローが企業の利害関係者間にどのように分配されるかについて予測する際に有用となる．流動性・支払能力に関する情報は，期日到来時の債務弁済能力の予測に有用となる．企業の経営成績に関する情報は，経済的資源の変動可能性を評価する際に必要であり，現存の資源にもとづくキャッシュ・フローを創出する企業能力の予測に有用である．企業の財政状態の変動に関する情報は，企業の投資活動，財務活動，営業活動を評価する際に有用である．現金および現金同等物創出の企業能力とこれらキャッシュ・フローの利用を評価するための基礎を提供する．」

ここに特徴的であるのは，情報客体として広範な利用者を想定していることである．一般に財務諸表論では，情報客体を投資者（顕在および潜在）として措定し，それら投資者の投資意思決定に資することをもって有用な情報という意味づけをするが，国際会計基準では，その対象が広いところから情報客体も広くとらえ，もって投資意思決定に限定しない一般的経済的意思決定に資することを財務諸表の目的として措定している．

会計目的観は，その歴史的経緯とともに大きく2つの視点が従来展開されてきた．そのひとつが受託責任アプローチと称される考え方のもとでの会計目的観の展開であり，もうひとつが意思決定有用性アプローチと称される考え方のもとでの会計目的観の展開である．

前者の受託責任会計では，企業と出資者との間の資金の委託・受託関係に焦点をあてる．企業には，出資者（株式会社においては株主）によって拠出された資金（資本金）を受託した立場として，当該資金の健全適切な管理責任と，その健全適切な運用責任とが発生する．そして，この管理・運用責任のてん末を委託者たる出資者に対して説明しその責任遂行状況を承認してもらうことが必要になる．ここにいう説明責任をアカウンタビリティという．会計は，した

がって，このような説明責任を果たすために用いられる重要な手段としてその機能が期待されるものとしてとらえられることになる．

その際，会計情報に期待されるのは信頼性と客観性である．すなわち，当初拠出額が管理・運用結果としてどのような状態にあるのかという過去情報が会計情報を構成することになるので，検証能力のある客観情報としての質的特質が要求されることになるのである．

これに対して，後者の意思決定有用性アプローチでは，現在株主を含む投資者グループに限定することなく，広く情報利用者を措定して，それら情報利用者の情報ニーズへの適合性，換言すれば，情報利用者が自らの経済的意思決定を行う際の役立ち・有用性が会計情報の質的特性として重視されることになる．

現在，後者の意思決定有用性アプローチが主流といわれ，わが国「討議資料」も国際会計基準「概念フレームワーク」も，またアメリカ会計基準の基底をなす「概念フレームワーク」も，この意思決定有用性アプローチをとっているとみることができる．

ここで，国際会計基準の「概念フレームワーク」は，その財務諸表の目的として，「財務諸表はまた，経営者の受託責任または経営者に委ねられた資源に対する会計責任の結果も表示する．経営者の受託責任または会計責任を評価したいと望むものは，経済的意思決定をおこなうために，そのような評価をおこなう．かかる意志決定には，例えば，利用者が企業に対する投資を保有または売却するかどうか，あるいは経営者を再任または交代させるかどうかなどがある」(par. 14) とも示し，意思決定有用性アプローチを基本としながらも，受託責任会計で求められるところの情報特性についても触れている．

第6章 会計制度と会計目的

演・習・問・題

問1 わが国会計制度を構成する法規類について,その名称と各法目的について説明しなさい.

問2 わが国会計制度を構成する会計基準について,その名称と各基準目的について説明しなさい.

問3 わが国会計制度を構成する法規類と基準類との関係について説明しなさい.

参考文献

『会計法規集〔第25版〕』中央経済社

櫻井久勝(2006)『財務会計講義』中央経済社

《推薦図書》

1. 万代勝信(2000)『現代会計の本質と職能—歴史的および計算構造的研究』森山書店

   会計の構造,基本思考を歴史的展開の視点から解説.

2. 飯野利夫(2004)『財務会計論』同文舘

   財務会計領域を網羅的かつ個別的に解説.計算事例が豊富.

3. 広瀬義州(2005)『財務会計』中央経済社

   最近の基準も取り込んだ財務会計系の必携書.

第7章の要約

　企業によって作成・公表される会計情報が制度的に意味あるものであるためには，そもそも情報の利用者が有する情報ニーズに適合していなければならない．会計ルールはそうした基本的視点に立ったうえで，合目的に具体的会計処理を規定するものであるが，その基底にある基本的視座を検討する．会計情報が質的に有しているべき特徴と，それら特徴を有する会計情報がどのような要素として作成・開示されているのかを解説する．

第7章 会計情報の質的特性・構成要素

1. 質的特性

　会計情報の質的特性とは，財務諸表が示す情報を利用者にとって有用なものとするために会計情報が有することを求められる属性のことをいう．

　以下，国際会計基準のフレームワークとわが国の討議資料に示された資的特性を概観することとする．

(1) 国際会計基準

　国際会計基準の概念フレームワークは，質的特性として，理解可能性・目的適合性・信頼性・比較可能性の4つをあげている．その内容は，次のように示されている．

　1) 理解可能性

　「財務諸表が提供する情報の有用な特性は，その情報が利用者にとって理解可能であることである．この目的の上で利用者は，事業，経済活動および会計に関して合理的な知識を有し，また合理的に勤勉な態度をもって情報を研究する意志を有すると仮定される．しかしながら，経済的意思決定のための利用者の要求に適合するために，財務諸表に含められなければならない複雑な問題についての情報は，それがある利用者に難解すぎるかもしれないという理由だけで，除外してはならない．」

　2) 目的適合性

　「情報は，それが有用であるためには，意思決定のための利用者の要求に適合しなければならない．情報は，利用者が過去，現在もしくは将来の事象を評価し，または利用者の過去の評価を確認もしくは訂正するのに役立つことによって，利用者の経済的意思決定に影響を及ぼすとき，目的適合性の特性を有する．」

　「情報の予測的役割と確認的役割は相互に関連を有する．例えば，現在の資

産水準とその構成に関する情報は，企業の好機を利用する能力および不利な状況に対応する能力を利用者が予測しようと努めるときに価値がある．同一の情報は，例えば，企業の財務構造の形態または事業計画の結果についての過去の予測に関して，確認的役割を演じる」

　3）信頼性

「情報は，それが有用であるためには，信頼しうるものでなければならない．情報は，重大な誤謬および偏向が除去され，またはそれが表示しようとするかあるいは表示されることが合理的に期待される事実を忠実に表現したものとして利用者が信頼するときに，信頼性の特性を有する．」

　4）比較可能性

「財務諸表利用者は，財政状態および経営成績の趨勢を把握するために，財務諸表の期間比較をする．また，財政状態，経営成績および財政状態の変動を評価するために，他の企業の財務諸表と比較する．従って，類似取引や事象の測定と表示は，同一の企業内においても，また，期間を通して，さらに異なる企業間においても一貫した方法で対処されなければならない．財務諸表の作成にあたり，採用した方針，またその会計方針に変更があった場合の影響を利用者に周知させるところに重要な意味がある．」

　フレームワークでは言及していないが，一度採用した会計方針が目的適合性や信頼性の向上の妨げとなる場合には，取引ないし事象について，むしろその会計処理方法を継続的に用いることは適切であるとはいえない．改善のための検討を示すためには，仮に，1つの会計事実に対して複数の代替的会計処理が存在する場合には，通常は最適と考えられる原則的な会計処理方法『標準処理（benchmark treatment）』に代えて，採用することが許容されている会計処理『認められる代替的処理（allowed alternative treatment）』の合理性を検討する必要がある．このことは実質的にイギリス流の離脱規定を念頭におく必要性を容認しているといえる．この場合，仮に，より目的適合性と信頼性を有すると認められる代替的処理がある場合には，会計方針の変更を行うことがむしろ適

切な会計処理となる．この場合，標準処理と同じだけの追加情報を注記などで提供することになる．」

なお，これら4つの財務諸表の質的特徴に対して，適時性（timeliness），便益とコストのバランス（balance between benefit and cost），質的特性のトレード・オフに関して言及する必要がある．

① 適時性

「情報の報告に遅延がある場合，その情報は目的適合性を失う場合がある．経営者は，適時報告を発信した場合に利用者がえられるメリットと，より正確な情報を発信した場合のそれとの間で，バランスをはかる必要がある．信頼性との関わりもあり，目的適合性と信頼性との間でバランスをはかるためには，経済的意思決定を行おうとしている利用者の要求をいかに満足させるか，その一点と関係することになる．」

② 便益・コストのバランス

「情報からえられる便益は，情報を提供するコストを超えられない．両者間の評価は，実際には判断に委ねられるが，こうしたコストは便益を享受する利用者に負担されるとは限らない．フリー・ライダーの存在である．便益は，情報提供者の意図した対象外の利用者によって享受されることすらありうる．」

③ 質的特性のトレード・オフ

「確かに，適時性は求められるものの，未解決事象をめぐっては信頼性が損なわれる場合がある．逆に，報告時期が遅ければ信頼性は高まるが，目的適合性は少なくなる．また，比較可能性を重視すれば，信頼性や目的適合性が損なわれる場合もある．従って，異なる状況における質的特性の相対的重要性の判定は，職業専門家の判断に委ねられなければならない．」

また，信頼性という情報特性を支える下位概念としての質的特性として，以下の諸特性をかかげている．

ⓐ 表現上の忠実性

「情報は，それが信頼性を有するために，それが表示しようとするかあるい

は表示されることが合理的に期待される取引その他の事象を，忠実に表現しなければならない．従って，例えば，貸借対照表は，認識規準を満たすもので決算日現在の資産，負債および持分を構成する取引その他の事象を忠実に表現しなければならない．」

　ⓑ　実質優先主義

「情報が表示しようとする取引その他の事象を忠実に表現するためには，取引その他の事象は，単に法的形式に従うのではなく，その実質と経済的実態に則し会計処理され表示されることが必要である．」

　ⓒ　中立性

「財務諸表に記載される情報は，それが信頼性を有するためには，中立，つまり不偏性を有するものでなければならない．」

　ⓓ　慎重性

「しかしながら，財務諸表の作成者は，多くの事象と状況に不可避的に伴う不確実性，例えば，不良債権の回収可能性，工場および設備の見積耐用年数，および生じるであろう保証請求件数の見積りなどに対処しなければならない．このような不確実性は，その性質および範囲を開示することにより，また財務諸表の作成に当たって，慎重性の行使により認識される．」

　ⓔ　完全性

「重要性およびコストの制約はあるが，財務諸表における情報は，それが信頼性を有するために完全なものでなければならない．情報は，脱漏によって虚偽または判断を誤らせるものとなり，したがって，信頼性を有さずかつその目的適合性において不完全なものとなる．」

(2) 日本の会計基準（「討議資料」）

　わが国の場合，会計基準委員会が公表した「討議資料　財務会計の概念フレームワーク」では，会計情報の基本的な特性として，意思決定有用性を中心とした諸特性が以下のように示されている．

まず,「財務報告の目的は,企業評価の基礎となる情報,つまり投資家が将来キャッシュフローを予測するのに役立つ企業成果等を開示することである.この目的を達成するにあたり,会計情報に求められる最も基本的な特性は,意思決定有用性である.すなわち会計情報には,投資家が企業の不確実な成果を予測するのに有用であることが期待されている」(「討議資料　会計情報の質的特性」本文1)として,明確に意思決定有用性を財務報告の主目的として指摘している.そして,意思決定に有用であることを支える概念として,1)意思決定との関連性(relevance to decision),2)内的な整合性(internal consistency),3)信頼性(reliability)という3つの情報特性を示している.

1)意思決定との関連性

意思決定との関連性とは,「会計情報が投資の成果についての予測に関連する内容を含んでおり,企業価値の推定を通じた投資家による意思決定に影響を与えて貢献すること」として規定され,その貢献の有効性については投資家の予測や行動が情報の入手によって改善されるかどうかという意味での情報価値の存否に係ると説明される.

2)内的な整合性

これは,会計基準の内的な整合性の存在を求める特性である.すなわち,特定の個別基準間に矛盾がなく一貫性をもって存在していることを求める要請である.この特性は,普遍的なものではなく,外的環境の変化が生じた場合には,その新たな環境変化に適合する会計基準の体系が当然求められることを前提としている.

3)信頼性

ここに示される信頼性とは,「中立性・検証可能性・表現の忠実性などに支えられ,会計情報が信頼に足る情報であること」を求める特性である.ここに,中立性とは,特定利害関係者に偏向した財務報告ではないこと,検証可能性とは,財務報告が情報作成者の主観に左右されることのない客観的事実に基づいていること,表現の忠実性とは,会計事象・事実と,会計情報との間に対応関

係が存在すること，を求める概念である．

　さらに「討議資料」では，意思決定との関連性，内的な整合性，信頼性の3つの特性間において，それらがすべて満たされる場合もあれば，一種のトレードオフ状態にある場合もあることを指摘している．トレードオフ関係が見受けられる場合には，すべての特性を考慮に入れたうえで，「新たな基準のもとで期待される会計情報の有用性を総合的に判断することになる」としている．

　国際会計基準のフレームワークで示された質的特性との関係からみれば，わが国「討議資料」では，比較可能性，理解可能性という2つの主概念，また，重要性の制約や，コスト・ベネフィットの制約について触れられていない．これらについて「討議資料」は次のように説明している．

　まず，比較可能性については，国際会計基準が予定しているような画一的・統一的な会計基準の設定，すなわち，ひとつの会計事象に関してひとつの会計処理方法しか認めないという方向性は，情報作成者による会計行為に係る裁量の余地を過度に狭めかねないこと，また，それに伴って投資家の意思決定有用性が阻害されかねないという危険性が指摘されたこと，および，それをもってして表現上の忠実性が措定されるならば，比較可能性は表現上の忠実性に包摂される関係にあるのではないかという指摘から，当該「討議資料」においては触れないこととされたと説明されている．

　次に，理解可能性については，国際会計基準が当該特性のもとで措定しているような人間の意義の不明確性や，当該特性の会計基準設定指針における位置づけが不明であるとの懸念から，比較可能性と同様に当該「討議資料」においては触れないこととされたと説明されている．

　さらに，重要性およびコスト・ベネフィットの制約，換言すればこれら特性への斟酌については，経済合理性の観点からは自明のことであるとの指摘から，触れないことと説明されている．

2. 構成要素

　会計の構成要素とは，損益計算書および貸借対照表を構成する，会計情報の基本的属性のことである．先にみてきたように，会計は，本来的に情報提供機能を有するところから，その情報に対する情報ニーズの変化や，社会経済的環境の変化に応じた会計情報の変質がおのずと内包される関係にあるが，ここにみる会計情報の構成要素は，複式簿記構造を前提とした形式的属性のことであり，具体的には，資産・負債・純資産（持分）・収益・費用の5要素をさす．

　これらの具体的内容（定義）をみるまえに，そもそも，これら5つの要素をどのようにとらえるかという視点からの，いわゆる収益・費用アプローチと資産・負債アプローチを概観することとする．

　そもそも，これら5つの構成要素は有機的関連性を有するものであり，個々別々のものとして存在するものではない．

　もっとも典型的・初歩的説明としては，複式簿記構造における試算表の構造を用いて，それを確認することができる．

図表7－1　試算表

資　産	負　債
	純資産（持分）
	収　益
費　用	

　この図表7－1にみるように，5要素は金額的に貸借一致の関係にある．ここでは，借方要素としての資産と費用，貸方要素としての負債・純資産（持分）・収益の関係性を確認するだけであるが，これら5要素間の相互関係性を

図表7－2

```
        収益 ←――――――→ 費用
         │         │         │
         ↓         ↓         ↓
        資産       負債    純資産（持分）
```

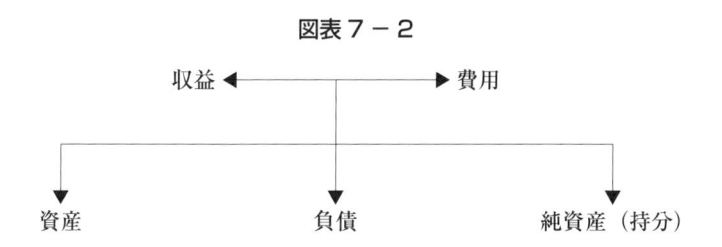

どのようにとらえるかという視点に，先に示した収益・費用アプローチと資産・負債アプローチがある．

収益・費用アプローチは，次の図表7－2のように，収益と費用という2要素を主概念として5要素の関連性を説明しようとする思考方法である．

このアプローチのもとでは，基本的に，期間損益計算のフローの面からの計算要素である収益・費用が先に位置づけられ，それら概念への依存概念として資産・負債・純資本が位置づけられる関係にある．

種々の説明方法があるが，たとえば，収支計算で把握される成果作用的項目のうち，ある会計期間に帰属する収益と費用とのズレ部分を資産・負債・純資産として説明する方法に基づけば，資産・負債・純資産は次の図表7－3のように示すことができよう．

図表7－3　収支と期間損益のズレ（B/S）

現金	費用・未支出
支出・未費用	収入・未支出
支出・未収入	収入・未収益
収益・未収入	資本金

借方の「支出・未費用」項目は，たとえば商品や有形固定資産，前払費用のように，支出がなされた（支出が確定した）部分ではあるがいまだ費用として損益計算要素になっていない，いわゆる費用性資産をさす．「支出・未収入」項目は，たとえば貸付金などのような，いわゆる投資項目をさす．さらに，

「収益・未収入」は，たとえば未収収益項目や売掛金のような成果作用的なズレの部分をさす．

貸方の「費用・未支出」項目は，未払費用や買掛金，引当金項目がこれに該当し，「収入・未支出」項目は，借入金等の金融負債が該当する．また，「収入・未収益」項目は，前受収益が該当する．

ここに示したものは，費用・収益アプローチにおけるひとつの説明方法の例示であるが，これにおいては現金そのものと資本金の説明が，損益と収支のズレとしては説明されえてないという欠点は残る．

一方，資産・負債アプローチは，下の図表7－4のように，資産概念を主概念として5要素間の有機的関係性を説明しようとするものである．

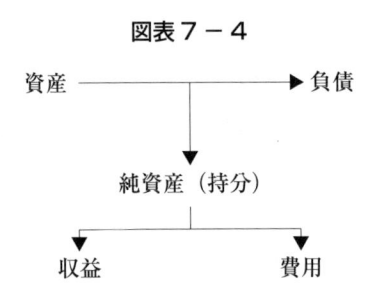

図表7－4

資産 ──→ 負債
　│
　↓
純資産（持分）
　↓　　　　↓
収益　　　費用

このアプローチにおいて特徴的であるのは，資産の犠牲概念として負債を，そして資産と負債の差額概念として純資産（持分）を，さらに，その純資産（持分）の増加ないしは減少要因として収益と費用とを関係づけて説明している点にある．換言すれば，資産以外の4つの要素は，すべて資産概念に依存する形で説明されることになる．

収益・費用アプローチにおいても，資産・負債アプローチにおいても，注意すべきは，これらは5要素の有機的相互関係性をどのように位置づけるかについての議論であって，そこには特定の概念定義が予定されているわけではないということである．

国際会計基準，アメリカ会計基準などは，資産・負債アプローチによる5要素の関係性を基底として，各種概念の定義づけを行っている．わが国においても企業会計基準委員から公表されている「討議資料」は，この資産・負債アプローチに基づく思考法をとっている．

　資産・負債アプローチのもとでは，先述のように，資産の定義が重要である．国際会計基準の概念的フレームワークにおいて，資産を含めた5要素定義は次のように示されている．

① 資産
「過去の事象の結果として当該企業が支配し，かつ，将来の経済的便益が当該企業に流入することが期待される資源」

② 負債
「過去の事象から発生した当該企業の現在の責務であり，これを決済することにより経済的便益を包含する資源が当該企業から流出する結果になると予想されるもの」

③ 持分
「特定企業のすべての負債を控除した残余の資産に対する請求権」

④ 収益
「当該会計期間中の資産の流入もしくは増価，または負債の減少のかたちをとる経済的便益の増加であり，持分参加者からの拠出に関連するもの以外の持分の増加を生じさせるもの」

⑤ 費用
「当該会計期間中の資産の流出もしくは減価，または負債の発生のかたちをとる経済的便益の減少であり，持分参加者への分配に関連するもの以外の持分の減少を生じさせるもの」

「このような広義の収益と費用から算出される利益を包括利益(comprehensive income) という」

　また，わが国の会計基準委員会が公表した「討議資料　財務会計の概念フ

レームワーク」においては，これら5要素は次のように示されている．

ⓐ 資産

「資産（asset）とは，過去の取引または事象の結果として，報告主体が支配している経済的資源またはその同等物をいう」（「討議資料　財務諸表の構成要素」本文4）

ⓑ 負債

「負債（liability）とは，過去の取引または事象の結果として，報告主体が支配している経済的資源を放棄もしくは引き渡す義務，またはその同等物をいう」（同「討議資料」5）

ⓒ 純資産

「純資産（net assets）とは，資産と負債の差額をいう．これは報告主体の所有者である株主（連結財務諸表の場合には親会社株主）に帰属する資本と，その他の要素に分けられる．その他の要素には，報告主体の所有主以外に帰属するものと，いずれにも帰属しないものが含まれる」（同「討議資料」6）

ⓓ 収益

「収益（revenue and gains）とは，純利益または少数株主損益を増加させる項目であり，原則として資産の増加や負債の減少を伴って生じる」（同「討議資料」7）

ⓔ 費用

「費用（expenses and losses）とは，純利益または少数株主損益を減少させる項目であり，原則として資産の減少や負債の増加を伴って生じる」（同「討議資料」8）

資産概念が基本的に経済的便益を主概念として展開されている点においては，国際会計基準との同質性が見受けられるが，ここで大きな相違点ないしは問題点として注意されるべきは，利益概念に関するとらえ方である．

国際会計基準は持分の増加部分を原因とする包括利益（comprehensive income）を，有用性をささえる重要な指標として位置づけているが，わが国では純利益

(net income)の業績指標としての有用性が主張されているという背景がある.

ここに包括利益とは,ある会計期間の純資産の変動額から,報告主体の所有主（株主または子会社株主）や将来そのような立場になりうるオプションの所有主との直接的な取引を除いた部分として説明されるものである.

一方,純利益とは,「討議資料」においては「特定期間の期末までに生じた純資産の変動額（報告主体の所有主である株主,子会社の少数株主,および前項にいうオプションの所有主との直接的な取引による部分を除く）のうち,その期間中にリスクから解放された投資の成果であって,報告主体の所有主に帰属する部分をいう.純利益は,純資産のうちもっぱら資本だけを増減させる.」（同「討議資料」9）

ここにリスクから解放された投資の成果とは,伝統的な実現収益を源泉とする利益相当部分と,キャッシュへの転換可能性の高さを要件とする,いわゆる実現可能基準を満たす価値増加を源泉とする利益相当部分と解釈することができる.

現在,先述したように,国際会計基準審議会は包括利益概念を主たる業績指標として措定しようとしており,わが国が伝統的に損益計算書のボトムラインで示している純利益に替わるものを提示している.

わが国では 2005 年 6 月に,経済産業省の企業会計研究会から中間報告書が発表され,そのなかにおいて,業績指標概念としての純利益概念の重要性を訴え,わが国の会計文化に深く根づいている純利益と包括利益との代替的変更は困難であるとの見解を示している.

先から参考として示している「討議資料」においては,この両者の関係について次のように記している.

「包括利益のうち,(1) 投資のリスクから解放されていない部分を除き,(2) 過年度に計上された包括利益のうち期中に投資のリスクから解放された部分を加え（リサイクル）,(3) 少数株主損益を控除すると,純利益が求められる」（同「討議資料」12）

そして，国際会計基準ベースで進められている包括利益概念への収斂思考については，次のようなわが国なりの明確な意見が示されている．すなわち，「純利益の概念を排除し，包括利益で代替させようとする動きもみられるが，この討議資料では，包括利益が純利益に代替しうるものとは考えていない．現時点までの実証研究の成果によると，包括利益情報は投資家にとって純利益情報を超えるだけの価値を有しているとはいえないからである．これに対し，純利益の情報は長期にわたって投資家に広く利用されており，その有用性を支持する経験的な証拠も確認されている．それゆえ，純利益に従来どおりの独立した地位を与えることにした」（同「討議資料」20）として，わが国の会計制度において長く業績情報としての地位を付与されてきた純利益情報の重要性を強調し，もって包括利益と同等に扱うことが困難であるとの意見を示している．さらに，「この討議資料においては，純利益と並んで包括利益にも，独立した地位を与えた．今後の研究の進展次第では，包括利益にも純利益を超える有用性が見出される可能性もあるからである．また，純利益に追加して包括利益を開示する形をとるかぎり，特に投資家を誤導するとは考えにくいこともあり，国際的な動向にあわせてこれを構成要素の体系に含めておくこととした．ただし，包括利益を独立の公正要素として位置づけたからといって，その開示を要求することには直結しない．包括利益をどう定義するのかという問題と，それをどう開示するかとは，別の問題である」（同「討議資料」21）と示されている．

ここでは，包括利益概念自体を排除もしくは否定しているのではなく，構成要素のなかの一概念としての意義は認めている一方で，それをもってして主たる開示情報として位置づける，もしくはそれを強制的に開示させるという方向性を支持するものではない．

ひとつの可能性として，純利益を計上したうえで，追加的にその他項目を開示することで，結果として包括利益を表示するというテクニカルな面での対応策が示されているが，リサイクルを含めて，このような区分開示という方策がそれぞれの概念定義と整合性をもつのかは今後の議論を待たなければならない

だろう．以下，その他の重要事項を示す．

《認識》

「フレームワークでは，構成要素の定義を満たす項目は，以下のすべての規準を満たす場合に認識することとしている．

《経済的便益の流出入の蓋然性》

当該項目に関連する将来の経済的便益が企業に流入するか，または企業から流出する可能性が高く；かつ

《信頼しうる測定可能性》

当該項目が信頼性をもって測定できる原価または価値を有している場合」

《測定（評価）》

「構成要素の貸借対照表および損益計算書記載額を決定する過程を測定という．測定ベースとして，取得原価（historical cost），現在（再調達）原価（current cost），実現可能（決済）価額（realizable (settlement) value），現在価値（present value）のいずれかが使用されるとだけ述べ，どれを採用するべきかについては規範的な論理展開はない」

《資本維持と資本維持修正》

フレームワークでは，資本概念の選択は，利用者ニーズに基づかなければならないとして，名目ないし貨幣資本（financial capital）維持または実体資本（physical capital）維持の選択を利用者に委ねている．いずれの資本維持概念を採るかによって測定ベースや利益が異なる．貨幣資本維持の観点からは取得原価主義会計が，実体資本維持すなわち実体生産力維持の観点からは現在価値会計が選択される．

資産および負債の再評価または修正表示は，持分の増加ないし減少をもたらすが，これは，たとえ収益または費用の定義を充足していても，資本維持の概念下では損益計算書に計上されない．これらは，資本維持修正額（capital maintenance adjustment）または再評価剰余金（revaluation reserves）として持分（株主勘定）に計上される．

演・習・問・題

問1 会計情報を作成・開示する目的について説明しなさい.
問2 会計情報を構成する5要素についてその内容を説明しなさい.
問3 会計情報を構成する5要素についてその相互関係を説明しなさい.

参考文献

FASB, Statement of Financial Accounting Concepts No. 1., (1978) *"Objectives of Financial Reporting by Business Enterprises,"* par. 34, Financial Accounting Standards Board. (平松一夫・広瀬義州訳『FASB財務会計の諸概念(増補版)』中央経済社, 2002年)

神戸大学IFRSプロジェクト・あずさ監査法人IFRSプロジェクト (2005)『国際会計基準と日本の会計実務―比較分析／仕訳・計算例／決算処理』同文舘

《推薦図書》

1. 斉藤静樹 (2005)『討議資料財務会計の概念フレームワーク』中央経済社
   わが国で検討されている会計の基本思考に関する解説書.
2. 企業財務制度研究会 (2001)『財務会計の概念および基準のフレームワーク』中央経済社
   わが国に多大な影響を及ぼしているアメリカ会計の基本思考の検討書.
3. 安藤英義 (1996)『会計フレームワークと会計基準』中央経済社
   諸外国の概念的フレームワークや会計基準を分析し, 日本のそれと比較したうえで日本の進む方向性を示した研究書.

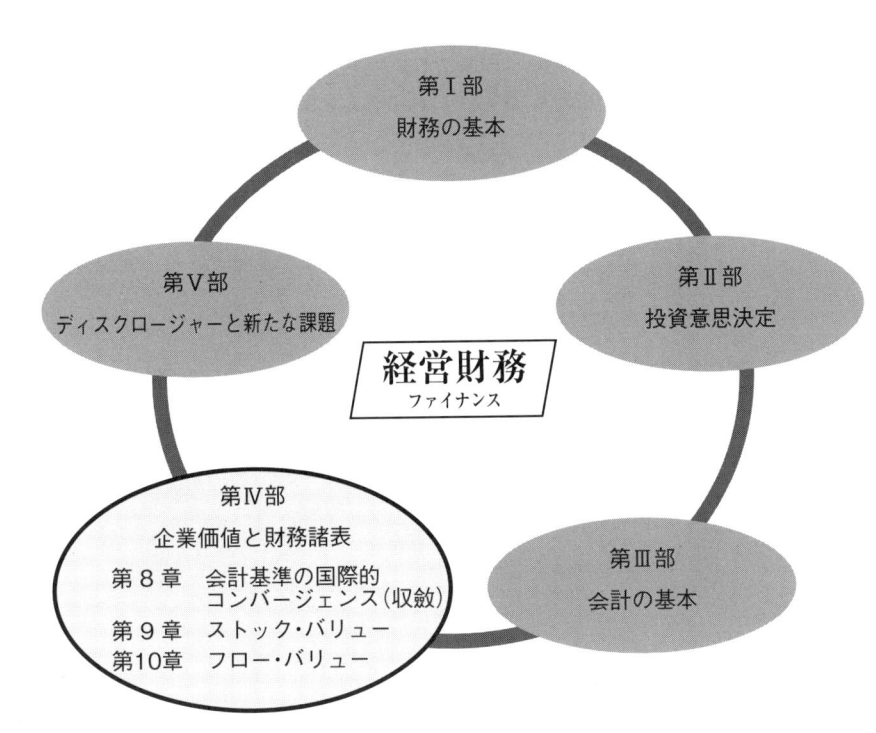

第Ⅳ部
企業価値と財務諸表

```
         第Ⅰ部
        財務の基本

  第Ⅴ部                    第Ⅱ部
ディスクロージャーと新たな課題    投資意思決定

         経営財務
         ファイナンス

       第Ⅳ部
    企業価値と財務諸表          第Ⅲ部
    第8章  会計基準の国際的        会計の基本
          コンバージェンス(収斂)
    第9章  ストック・バリュー
    第10章 フロー・バリュー
```

第8章の要約

　2005年1月1日より，EUが加盟国の上場会社の連結財務諸表作成において国際会計基準（IAS/IFRS）への準拠を求めることとしたことを契機として，会計基準の国際的なコンバージェンスの動きが激しくなった．この動きは，会計基準の展開において先駆的でありかつ指導的な立場にあるといわれてきたアメリカ基準（FASB基準）と国際会計基準をめぐるコンバージェンス問題として各国の会計基準のこれからのあり方に大きな影響を及ぼしている．わが国においては，1996年からの一連のいわゆる会計ビッグバンと称される会計制度改革で既存の会計基準の見直しや国際会計基準等を意識した基準の制定がなされたという経緯があるものの，近時再び会計基準の見直しが急務の課題となった．

第8章 会計基準の国際的コンバージェンス（収斂）

1. 国際会計基準をめぐる史的展開

　現在，国際財務報告基準（IFRS：International Financial Reporting Standards）を作成・公表している組織は，国際会計基準理事会（IASB：International Accounting Standards Board）であるが，この組織はそれ以前に活動をしていた国際会計基準委員会（IASC：International Accounting Standards Committee）が2001年1月1日に発展的に解消した後の組織である．国際会計基準委員会が活動していた当時に作成・公表された会計基準を国際会計基準（IAS：International Accounting Standards）といい，現在では新組織のもとで公表される基準とあわせて，一般に総称として国際会計基準といわれている．本章においても特に区別する必要がない程度において国際会計基準と表現することとする．

　前身である国際会計基準委員会は，1973年，アメリカ，イギリス，アイルランド，オランダ，西ドイツ（当時），フランス，メキシコ，カナダ，オーストラリア，日本の各国職業会計士団体（日本においては日本公認会計士協会がこれにあたる）が設立した団体で，いわゆるプライベート・セクターとして発足した．当初の目的は，財務諸表作成に関する基準の設定・公表をもって，その国際的承認をうることを促進し，法令・会計基準，財務諸表の開示手続に関する国際的調和の促進をはかることとされていた．この組織の活動，および当時作成・公表された国際会計基準は，現在コンバージェンス問題で中心として措定される程の国際会計基準とは権威性，質的正当性の点で問題が残るものであり，今日のような状況に至るまでにはさまざまな段階があったとされる．以下，その史的展開を概説することとする．

　当初作成・公表された国際会計基準は，その存在自体が国際的に認知されることに主眼が置かれたとされ，ある特定の具体的な会計処理に関して，相当程度複数の代替的会計処理方法を認めるものであった．一般に設立当初からこの

ような構造を有する国際会計基準が作成・公表されていた時代は「調和化」の時代として括られる．

複数の会計処理方法を認めるということは，それに準拠したうえで結果として作成される財務諸表上の会計情報に相当程度の幅が存することを認めるものであり，また，会計処理方法の選択においても恣意性の介入を排除するものではない．ここに，調和化の時代の国際会計基準には会計ルールとしての規範性に問題があると指摘されたのである．

国際会計基準という国境を越えて会計処理を律するルールを作成し，その存在を広く認知させるという当時の活動に転換点を与えたのが，1987年に証券監督者国際機構（IOSCO：International Organization of Securities Commissions）が国際会計基準の諮問グループに参加したことである．証券監督者国際機構は当該所属各国の証券監督当局・証券取引所などから構成される国際的なパブリック・セクターである．主な活動目的は，公正・効率的・健全な証券市場を維持するために質の高い規制の促進をはかるものであり，証券市場の発展のために情報交換をし，国際的な証券取引についての基準作成や効率的な市場監視の確立を目指すものである．当時は主要各国での規制緩和により国境を越えた投資活動が活発化し，また，多国籍企業の巨大化や国外での子会社・支店の設立に関わる移転価格の問題や課税回避の問題などが重要事項として特に意識されていたところであり，証券監督者国際機構も会計情報の作成・開示を通した健全な証券市場の発展を注視していた時代である．

1988年には，証券監督者国際機構が国際会計基準の活動に指示を表明するということがあり，パブリック・セクターによるプライベート・セクターへの支持という関係からも国際会計基準委員会および国際会計基準に以前にも増して関心が寄せられるようになったのである．

ここで，証券監督者国際機構は当時の国際会計基準委員会の動きに無制約に支持を表明したわけではなく，一定の期待をもって支持表明したことに注目する必要がある．すなわち，証券市場の国際化という経済環境の変化を受けて，

国境を越えた資金の移動，投資行動の多様化に対して，効率的・合理的な市場運営のための方策として，企業間，特に国境を越えた企業間での財務諸表の比較可能性が求められたのである．

ここに，国際会計基準委員会は財務諸表の比較可能性プロジェクトを展開する．会計処理規定に選択の幅が大きければ大きいほど，同質・同レベルでの比較可能性は困難となるものであるから，具体的にそれは，会計処理方法の選択の幅を狭め，規範性を高めるという方向での検討となる．これは，特定の具体的会計処理に関しては標準的な会計処理方法を統一化し，もって財務諸表の比較可能性を高めるという作業を導く．この時代のこうした動きは，先の「調和化」に対して「統一化・画一化」の時代として称されることとなる．

続いて1993年，国際会計基準委員会と証券監督者国際機構は，コア・スタンダードといわれるものの策定に関して合意することとなる．コア・スタンダードとは，国際的に証券市場での公募および上場を行う企業に対する会計基準として必要な内容を有し，それを完成せしめるに足る会計基準のことを意味し，国際会計基準委員会はその策定に着手するのである．このコア・スタンダードが完成し，それが十分なものとして認められるに至った場合に，証券監督者国際機構は，国際会計基準を「国際的な市場で公募・上場を行う企業の会計基準」として承認することに同意したのである．

国際会計基準の権威性という視点からみれば，これはひとつのプライベート・セクターがパブリック・セクターによる支持を受けうることを意味するのであって，このコア・スタンダードの策定作業には相当のコストがかけられてでも完遂する必要があるものであった．

結果，1998年にコア・スタンダードは完成し，証券監督者国際機構による精査を受け，2000年に国際会計基準はその承認をえるに至る．ここに，国際会計基準はそれ以前とは性質を異にする，社会的承認，権威性の向上をみることとなるのである．

その後，国際会計基準委員会は組織自体の見直しをはかり，その後の戦略の

展開について検討するという方向性を打ちだし，組織改革を行っていくのである．

この組織改革において，国際会計基準委員会は，国際会計基準を世界標準としての会計基準とすべく積極的に推進するという姿勢を明確に打ち出し，さまざまな改革を実行することとなる．

まず，改革の目的を上述のように国際会計基準の世界標準化と措定し，「公共の利益のために単一で高品質，かつ理解可能性が高く適用可能なグローバル・スタンダードとしての会計基準を開発すること」，「その会計基準は財務諸表上に高品質で透明性が高く，比較可能な情報の開示を求めるものであり，世界中の資本市場参加者の安定的な経済的意思決定に資するものである」との方向性を示し，そうした会計基準の厳格な適用を促進することに傾注していくのである．

次に，組織構成として，以前は先に示したように加盟各国の職業会計士団体が主メンバーであったところを，加盟各国の会計基準設定主体へと変化させていくのである．これは，会計基準というものの作成にかかるデュー・プロセスと関係するものである．会計情報を取り巻く利害関係者は多種多様な人びとが想定されるところであり，会計という職域では高度の専門的能力を有する職業会計人は高度な知識・経験を有するものであることは認めるものではあるが，基準が社会的承認をうるためにはそうしたさまざまな利害関係者の意思が総合的に集約される場としての会計基準設定主体が望ましいとの思惑によるものである．

また，財政的な意味での独立性を保つために財団方式を採用するなどの方策もとられ，結果として 2001 年 1 月 1 日より，現在活動している国際会計基準理事会へと発展的に移行していくのである．

2. わが国の会計制度改革（会計ビッグバン）

バブル経済の崩壊後，わが国の企業会計に対する情報利用者からの要求は，

企業財務情報の開示の充実・拡充へと，以前に加えて一層強いものとなった．

また，諸外国からは日本の市場に対する開放要求が強く示されるようになり，当時の日本政府は「フリー・フェア・グローバル」をひとつのスローガンとして6大構造改革（金融制度改革，財政構造改革，行政改革，経済構造改革，社会保障改革，教育改革）に取り組むこととなった．金融制度改革では，銀行・証券・保険の業界間の壁を低くし，競争体制の促進がはかられたのであるが，ここに，グローバルの視点からも会計制度改革が始まることとなった．

それ以前にも，いくつかの会計基準の見直しははかられてきたのであるが，以下に経緯を示すように，1998年から2002年にかけては多数の会計基準が修正されたり，あらたに公表されたりした．

1975（昭和50）年	連結財務諸表原則
1977（昭和52）年	中間財務諸表作成基準，同監査基準
1979（昭和54）年	外貨建取引等会計処理基準
1988（昭和63）年	セグメント情報の開示基準
1993（平成5）年	リース取引に係る会計基準
1995（平成7）年	外貨建取引等会計処理基準改訂
1997（平成9）年	連結財務諸表原則改正
1998（平成10）年	税効果に係る会計基準
	退職給付に係る会計基準
	研究開発費に係る会計基準
	連結キャッシュ・フロー計算書類等の作成基準
	中間連結財務諸表等の作成基準
	連結財務諸表制度における子会社及び関連会社の範囲の見直しに係る具体的な取扱い
1999（平成11）年	金融商品に係る会計基準
	外貨建取引等会計処理基準改正
2002（平成14）年	固定資産の減損に係る会計基準

一方で，こうしたわが国の会計制度改革に対して国外で起きたいくつかの事象が当時のわが国にさらなる危機感を認識させることとなった．ひとつは，わが国の基準で作成・公表された財務諸表が外国で提示される際，当該財務諸表は日本の基準に準拠して作成されたものであるので，その解釈には一定の注意が必要であるという注記が付される事態が生起したことである．もうひとつは，当時わが国で会計基準の開発を担っていたのは第6章でふれたように国務大臣の一諮問機関である企業会計審議会という組織であったが，これが前節で述べた国際会計基準委員会の組織改革であらたに構成メンバーとして規定された，当該国での会計基準設定主体として適格性を欠くのではないかという問題であった．当時，アメリカを代表とする主要各国での会計基準設定主体は，いわゆるプライベート・セクター方式をとっており，そこでの会計基準設定作業には財務諸表をとりまくさまざまな利害関係者の参加が当然のこととして想定されていたのである．

　こうした諸事象を受け，わが国では会計制度改革と並行して1999年から2001年にかけて会計基準設定主体に関する検討も官民をあげて行われた．ここにその代表的な動きを以下に示すこととする．

1999（平成11）年　　自由民主党：金融問題調査会・企業会計に関する小委員会
　　　　　　　　　　常設，常勤委員（スタッフ）で，政策・予算・人事面からの独立性・透明性を有する会計基準設定主体の拡充・強化を提言

2000（平成12）年　　日本公認会計士協会：プロジェクトチーム
　　　　　　　　　　「わが国の会計基準設定主体のあり方について（骨子）」を公表し，独立性・透明性・即時性を有する民間団体としての会計基準設定主体設置を提示

2000（平成12）年　　経済団体連合会：経済法規委員会・国際会計部会
　　　　　　　　　　「企業会計制度に関する提言」を公表し，証券市場の国際競争力の強化，海外制度と大きく異なる法制度の改革，官主導の基準設定システムの改革を提言
2000（平成12）年　　大蔵省：企業会計基準設定主体のあり方に関する懇談会（金融企画局長懇談会）
　　　　　　　　　　「企業会計基準設定主体のあり方について（論点整理）」を公表し，民間主体の新しい枠組みへの検討を表明

　こうした諸団体，組織による制度検討の結果，2001年に，経済団体連合会・日本公認会計士協会・全国証券取引所協議会・日本証券業協会・全国銀行協会・生命保険協会・日本損害保険協会・日本商工会議所・日本証券アナリスト協会・企業財務制度研究会が民間組織としての「企業会計基準委員会」の発足に同意するに至り，母体としての「財団法人財務会計基準機構」設立準備委員会が発足され，2001年7月26日付で財務会計基準機構が設立され，「企業会計基準委員会」が発足したのである．
　現在，わが国で新しい会計基準を公表しているのは，この「企業会計基準委員会」であり，先述したところではあるが，会計基準としてのその活動成果は次のように現われている．

2002（平成14）年
　自己株式及び準備金の額の減少等に関する会計基準（企業会計基準第1号）
　一株当たり当期純利益に関する会計基準（企業会計基準第2号）
2004（平成16）年
　<u>討議資料　財務会計の概念フレームワーク</u>
　　　　　　　　　　　　　　（企業会計基準委員会基本概念ワーキンググループ）

2005（平成17）年

    自己株式及び準備金の額の減少等に関する会計基準改正

    「退職給付に係る会計基準」の一部改正（企業会計基準第3号）

    役員賞与に関する会計基準（企業会計基準第4号）

    貸借対照表の純資産の部に関する会計基準（企業会計基準第5号）

    株主資本等変動計算書に関する会計基準（企業会計基準第6号）

    事業分離等に関する会計基準（企業会計基準第7号）

    ストックオプション等に関する会計基準（企業会計基準第8号）

2006（平成18）年

    棚卸資産の評価に関する会計基準（企業会計基準第9号）

    金融商品に関する会計基準（企業会計基準第10号）

    関連当事者の開示に関する会計基準（企業会計基準第11号）

    四半期財務諸表に関する会計基準（企業会計基準12号）

    リース取引に関する会計基準（企業会計基準13号）

3. 会計基準の国際的コンバージェンスの国際的展開

　会計基準の国際的コンバージェンスに関しては，まず2002年に次に示すような大きな動きがあった．それは，EUが2005年からEU域内での上場企業に国際会計基準の準拠を強制することを決定したことと，国際会計基準設定主体である国際会計基準理事会と，アメリカの会計基準設定主体である財務会計基準理事会（FASB：Financial Accounting Standards Board）とが，コンバージェンスに向けて合意したこと（「ノーフォーク合意」という）である．

　国際的視点にたった場合，EUにおける国際会計基準への統一は，その経済的規模，加盟国数規模においても大きな衝撃をもって受け止められ，また，会計基準の先駆的開発団体であり質・権威ともに高い会計基準を作成・公表してきたアメリカ財務会計基準理事会とのコンバージェンスに向けての合意は，将来的に国際会計基準が中心となって会計基準の国際的な統一化・画一化への方

向性が実現可能性をもったことを意味するものであった．

　以降，両者のコンバージェンス・プロジェクトは現在に至るまでに着々と進められ，現時点ではいまだ細部に相違が存在するものの，方向性としては両基準がひとつの方向性をもってコンバージェンスに向かっていることは明らかである．両者の相違における重要な項目（たとえば企業結合会計）に関しては特別のプロジェクトが設けられていることも注目しておかなければならない．

　この時点でEUは，域内市場で資金調達を行う外国企業（域外企業）に対しても国際会計基準への準拠，または国際会計基準に準拠したものと同等とみられる会計基準への準拠を要請することを決定しており，当時，国内で独自に会計基準の設定を行っていた主要国である日本・アメリカ・カナダの3ヵ国の会計基準が国際会計基準と同等と認められるかの検討を開始した（この作業は同等性評価と称される）．同等と判断された場合には大きな混乱は生じないものの，結果として同等とみなされない場合には2007年までの猶予期間を経て，それ以降は国際会計基準に準拠して作成された財務諸表と同等のものとするための補完措置が求められることとなったのである．これがいわゆる「2007年問題」である．2007年問題は，その後同等性評価の結論が2年延期されたことにより，現在は「2009年問題」として意識されている．

　同等性評価の作業に関して技術的支援をしている欧州証券規制当局委員会（CESR：The Committee European Securities Regulation）は，2005年7月にその検討結果を公表したが，3ヵ国の会計基準とも総体的には同等と判断されたものの，この時点で日本は26項目に及ぶ補正措置の必要性が示された（これは，以降の日本における会計基準の修正をとおして減じている）．

　補完措置とは，大きく以下の3種類をその内容とするものであり，これらが求められた場合，わが国企業が情報作成のために負担する追加的コストは大きいものといわれ，EU市場からの撤退を検討する動きも見受けられたが，これはわが国にとってコンバージェンスへの動きを加速する必要性が求められたことになる．

補完措置の内容

・補完計算書の作成：国際会計基準に基づく仮定計算による要約財務諸表の作成
・開示B：国際会計基準に準拠して財務諸表を作成した場合の定量的影響の追加的開示
・開示A：わが国の基準で作成・開示されている財務諸表を補強するための定量的・定性的情報の追加的開示

また，わが国の置かれた状況として危機感をつのらせるもうひとつの要因として，EU資本市場とアメリカ資本市場との関係もみておく必要がある．すなわち，現在，EU資本市場では，アメリカの会計基準に準拠して作成された財務諸表は承認しているが，逆にアメリカ市場では国際会計基準適用企業に対してはアメリカ基準との差異に関する調整表の作成・提示を要求しているということとの関係である．これに関してアメリカ証券取引委員会（SEC）は，将来的に国際会計基準との差異が縮小するならばこの調整表の作成・提示を2009年以降求めないとの見解を示している．こうした状況をふまえて，2006年2月には国際会計基準理事会とアメリカ財務会計基準理事会との間では2008年までの達成を目標としてコンバージェンス計画に関する覚書が取り交わされた．この一連の動きは，完全なコンバージェンスの前段階として，完全な一致は無理，もしくはあくまでも必要なものではなく，ある程度の同等性，それにともなう財務諸表の比較可能性が確保されれば良しとするという意味での両者における相互承認の動きであるとも解されるのであり，わが国基準が相互承認にまで至らない，地域限定基準と見なされかねない事態を招いている．

4. コンバージェンスに対するわが国の動き

わが国の会計基準委員会は，設立されて以来今日まで国際的会計基準を意識した活動を継続的に行ってきている．具体的には，わが国の立場を国際的に示

す報告書を示したり，国際会計基準理事会で行われているプロジェクトへ人材を派遣したりしている．

コンバージェンスとの関係でみれば，2005年3月から国際会計基準理事会とコンバージェンスに向けての共同作業を開始している．その時点での当面の検討項目として以下の諸点についての作業が行われている．

・棚卸資産の評価
・セグメント情報
・関連当事者の開示
・在外子会社の会計基準の統一
・投資不動産
・新株発行費

これらのなかで，棚卸資産の評価および関連当事者の開示に関しては，先に示した「棚卸資産の評価に関する会計基準（企業会計基準第9号）」と「関連当事者の開示に関する会計基準（企業会計基準第11号）」の作成・公表で一定のコンバージェンスは終了し，また，最終的な会計基準には至っていないが，在外子会社の会計基準の統一に関しては，「連結財務諸表における在外子会社の会計処理に関する当面の取扱い（実務対応報告第18号）」において，新株発行費に関しては「繰延資産の会計処理に関する当面の取扱い（実務対応報告第19号）」において一定の作業業績はあがっている．投資不動産に関してはさらに検討が必要とされ，国際会計基準理事会にも再検討を促しており，セグメント情報に関しては，その後に追加された金融商品の公正価値開示，資産の除去費用，工事契約の会計とともに2007年度に基準などとしての公表を予定している．さらに，2006年5月からはアメリカ財務会計基準理事会とも協議を開始してコンバージェンスへの対応を加速化させている．

このようなわが国における一連のコンバージェンスへの取り組みは，諸団体からの意見書などの種々のステイトメントが公表されているところからも確認することができる．企業会計審議会は2006年7月に「会計基準のコンバー

ジェンスに向けて（意見書）」を公表し，現状認識を示したうえで，今後の対応に対する意見を示している．その内容は，コンバージェンスへの前向きな対応，EUの同等性評価等を視野に入れた計画的な対応，相互承認に向けた外国との対話の強化，国際会計のルール作りに関与しうる人材の確保・育成という明確な4つの方向性が示されている．なかでも，2番目に示された，EUの同等性評価等を視野に入れた計画的な対応に関連して，コンバージェンス作業に関する工程表の策定が提案されていることは重要である．これを受けたかたちで同年10月には会計基準委員会から「プロジェクト計画表（コンバージェンス関連項目）」が提示され，当初欧州証券規制当局委員会から指摘された26項目に関して作業計画と達成状況の見通しとが具体的に示された．

2009年問題に向けて，2008年3月までをひとつの節目として行われている一定のコンバージェンスに関する作業を見据えたとき，わが国の動きはさらに加速されていくことは明らかと思われるところである．

演・習・問・題

問1 国際会計基準の性質について説明しなさい．
問2 会計基準の国際的コンバージェンスについて説明しなさい．
問3 会計基準国際的コンバージェンスに対するわが国の対応について説明しなさい．

参考文献

FASB, Statement of Financial Accounting Concepts No. 1., (1978) "*Objectives of Financial Reporting by Business Enterprises,*" par. 34, Financial Accounting Standards Board.（平松一夫・広瀬義州訳『FASB財務会計の諸概念（増補版）』中央経済社，2002年）

神戸大学IFRSプロジェクト・あずさ監査法人IFRSプロジェクト（2005）『国際会計基準と日本の会計実務―比較分析／仕訳・計算例／決算処理』同文舘

平松一夫・徳賀芳弘（2005）『会計基準の国際的統一―国際会計基準への各国の対応』中央経済社

アーンストアンドヤング・新日本監査法人（2006）『貸借対照表―国際財務報告基準の会計実務』レクシスネクシスジャパン

―――《推薦図書》―――

1. 戸田博之・中野常男・興津裕康（2006）『20世紀におけるわが会計学研究の軌跡』白桃書房
   アメリカ会計ドイツ会計がわが国の会計学・会計制度に与えた影響を解説.
2. 徳賀芳弘（2005）『国際会計論』中央経済社
   国際会計の現状に関する包括的解説書.
3. 櫻井久勝編著（2006）『テキスト国際会計基準』白桃書房
   国際会計基準の基礎概念から個別具体的な基準までを詳細に解説した入門書.

第9章の要約

　企業のストック面をあらわす貸借対照表情報に関する諸点を検討する．近時，国際的な会計基準のコンバージェンス（収斂）問題をめぐって，わが国の会計基準が量的にも質的にも大きく変わっている．本章では，そのなかから貸借対照表情報として勘定科目の質からも，金額的な大きさからも比較的重要と思われる項目をいくつかとりあげて検討する．

　情報の信頼性・客観性が求められる一方で，情報利用者のニーズに適合した会計情報をいかに提供するかという視点から，いわゆる時価情報が採用されている点を確認されたい．

第9章 ストック・バリュー

　企業のストック情報を示す貸借対照表をみるにあたって，関連する各種会計処理法を示せば，次のようなものがある．

1. 棚卸資産会計

　棚卸資産とは，端的に表現すると「販売目的保有資産」ということができるが，わが国の場合，「企業会計原則と関係諸法令との調整に関する連続意見書第四」（昭和37年　企業会計審議会中間報告）に示されている次の内容が棚卸資産を示すものとして通用している．
　① 通常の営業過程において販売するために保有する財貨又は用役
　② 販売を目的として現に製造中の財貨又は用役
　③ 販売目的の財貨又は用役を生産するために短期間に消費されるべき財貨
　④ 販売活動及び一般管理活動において短期間に消費されるべき財貨
　また，「棚卸資産の評価に関する会計基準」においては「棚卸資産は，商品，製品，半製品，原材料，仕掛品等の資産であり，企業がその営業目的を達成するために所有し，かつ，売却を予定する資産のほか，売却を予定しない資産であっても販売活動及び一般管理活動において短期間に消費される事務用消耗品等も含まれる」と示されている．
　このような棚卸資産は，個数の面と単価の面から把握されて会計情報となる．
　まず個数の把握方法としては，継続的な帳簿記録を必要とする継続記録法と，一定期間ごとにある特定時点で実地棚卸により個数を把握する棚卸計算法がある．次に，単価の把握の面からは，物の流れに一定の仮定を設けた，先入先出法，後入先出法，移動平均法，総平均法と個別法がある．
　棚卸資産の貸借対照表価額の決定，すなわち決算手続としては図表9－1に示すような各種の費用・損失計上が伴う．
　棚卸減耗損とは，物理的に逸失ないし紛失した部分の損失計上であり，品質

第9章 ストック・バリュー

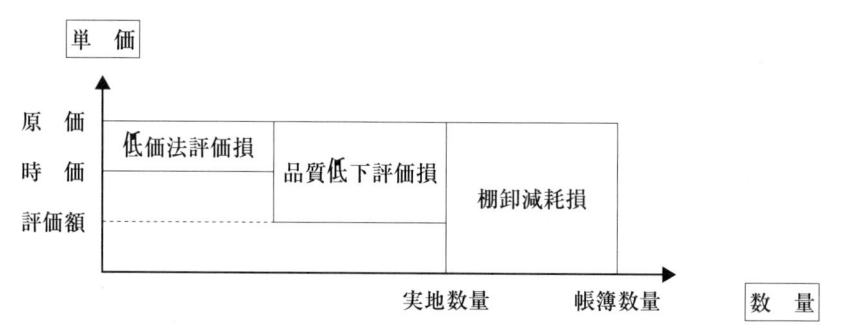

図表9－1

```
単価
│
原価  ┌─────────┬─────────┬─────────┐
      │低価法評価損│         │         │
時価  ├─────────┤品質低下評価損│         │
      │         │         │棚卸減耗損│
評価額 ├ ─ ─ ─ ─ ┤         │         │
      │         │         │         │
      └─────────┴─────────┴─────────┘
              実地数量    帳簿数量   数量
```

低下評価損は物理的には存在するものの，字義のごとく品質が低下した部分に関する評価損である．低価法とは，決算時点で棚卸資産の帳簿価額と時価を比較して，どちらか低い価額を貸借対照表価額とする処理法であり，時価が下落しているときにのみ評価損が計上されることになる．この方法は，以前は選択適用が認められていたが，「棚卸資産の評価に関する会計基準」において原則的処理方法とされた．

2. 有形固定資産

　有形固定資産は，端的に表現すると「使用・利用目的保有資産」ということができる．有形固定資産の会計処理では，まず取得時の取得原価の決定方法に注意する必要がある．それらをまとめると次のようになる．

　1）購入の場合

　取得原価＝購入代価－値引・割戻＋付随費用 として算定する．

　取得に際して割引がなされた場合には，営業外収益とする考え方と取得原価の控除項目とする考え方がある．また，数種資産を一括して購入した時の付随費用は，個別購入代価が不明の場合は時価等を参考にして総額を按分する方法をとる．

　2）自家建設の場合

　適正な原価計算基準にしたがって製造原価を計算し，これに基づいて計算し

た価額を取得原価とする．簡単な仕訳を示せば次のとおりである．

　　（借）有形固定資産　×××　　（貸）材　　料　　費　×××
　　　　　　　　　　　　　　　　　　　労　　務　　費　×××
　　　　　　　　　　　　　　　　　　　経　　　　　　費　×××
　　　　　　　　　　　　　　　　　　（支　払　利　息　×××）

　自家建設の場合問題となるのは，自家建設に際して借り入れた資金に係る借入利息は原則として原価不算入とすることであるが，建設に要する借入資本の利子で，稼働前の期間に属するものは算入が容認されている．

3) 現物出資の場合

　現物出資の場合は，出資者に対して交付された株式の発行価額をもって取得原価とする．簡単な仕訳を示せば次のとおりである．

　　（借）有形固定資産　×××　　（貸）資　　本　　金　×××
　　　　　　　　　　　　　　　　　　（株式払込剰余金　×××）

4) 交換の場合

　自己所有の固定資産との交換については自己資産の適正な簿価とする．

　　（借）有形固定資産　×××　　（貸）有形固定資産　×××

　自己所有の有価証券との交換については，当該有価証券の時価または適正な簿価とする．

　　（借）有形固定資産　×××　　（貸）有　価　証　券　×××
　　　　　　　　　　　　　　　　　　（有価証券売却益　×××）

5) 贈与の場合

　贈与による取得の場合は，支出額が存在しないので，時価等を基準として公正に評価した額を取得原価とすることになる．

　　（借）有形固定資産　×××　　（貸）固定資産受贈益　×××

　有形固定資産に関する特殊論点として，圧縮記帳という会計処理がある．圧縮記帳とは，国庫補助金などにより取得した有形固定資産の取得原価を一定額減額（この減額を圧縮と称する）し，減額後帳簿価額を貸借対照表価額とする

方法であり,こうした処理が認められる根拠は課税の繰延べに求められる.

圧縮記帳処理の対象は次のようにまとめられる.

① 国庫補助金充当により取得した有形固定資産
　　　　　　　　　　→国庫補助金相当額が圧縮限度額
② 工事負担金充当により取得した有形固定資産
　　　　　　　　　　→工事負担金相当額が圧縮限度額
③ 保険金充当により取得した有形固定資産
　　　　　　　　　　→保険差益相当額が圧縮限度額

会計処理方法としては,a.直接減額方式とb.利益処分方式とがあり,簡単な仕訳で示せば次のとおりとなる.

a.直接減額方式

〈補助金受領時〉
　　(借)現 金 預 金 ×××　　(貸)国 庫 補 助 金 収 入 ×××
　　　　　　　　　　　　　　　　　　(特別利益)

〈資産購入時〉
　　-直接法-
　　(借)有 形 固 定 資 産 ×××　　(貸)現 金 預 金 ×××
　　(借)固 定 資 産 圧 縮 損 ×××　　(貸)有 形 固 定 資 産 ×××
　　　　(特別損失)
　　-間接法-
　　(借)有 形 固 定 資 産 ×××　　(貸)現 金 預 金 ×××
　　(借)固 定 資 産 圧 縮 損 ×××　　(貸)固 定 資 産 圧 縮 額 ×××
　　　　(特別損失)　　　　　　　　　　　(評価勘定)

〈決算時〉
　　圧縮後の簿価(取得原価-圧縮額)を取得原価とみなして減価償却計算を行う.

b.利益処分方式→圧縮記帳(期中処理)を行った会計期間は原初の取得原価のままとし,翌期の利益処分時に「圧縮積立金」を積立て,これを,減

価償却の度に圧縮額に対応する減価償却費額分だけ取り崩す方法.

〈補助金受領時〉同上

〈資産購入時〉
　(借)有 形 固 定 資 産　×××　　(貸)現　　　　　　金　×××

〈決　算　時〉
　(借)減 価 償 却 費　×××　　(貸)減 価 償 却 累 計 額　×××
　　　(原初取得原価に基づく計算)

〈利益処分時〉
　(借)未 処 分 利 益　×××　　(貸)圧 縮 積 立 金　×××
　　　(圧縮相当額)
　(借)圧 縮 積 立 金　×××　　(貸)未 処 分 利 益　×××
　　　(圧縮額に対応する減価償却費相当額の積立金取崩)

　有形固定資産は各決算期に減価償却手続がとられる．減価償却計算の方法には，定額法・定率法・級数法・生産高比例法が認められており，また，それら方法を適用する際には有形固定資産の個別種類ごとに計算を行うか，一定のグルーピングをしてから行うかによって個別償却と総合償却とがある．次の簡単な例題で内容を把握されたい．

【例題1（総合償却）】

　次の資料から3種の備品を総合償却するとした場合の，(a)平均耐用年数，(b)総合償却率，(c)減価償却費額を求めなさい（会計期間は×1年4月1日から×2年3月31日までである）．

図表9－2

種類	取得日	取得原価	個別耐用年数	残存価額
A備品	×1年4月1日	72,000	12年	取得原価の10%
B備品	×1年4月1日	108,000	16年	取得原価の10%
C備品	×1年4月1日	120,000	20年	取得原価の10%

《解答》

 (a) 平均耐用年数：16 年

 (b) 総合償却率：5.625% or 6.25%

 (c) 減価償却費額：16,875 円

《解説》

 (a) 平均耐用年数の算定

  A 備品個別償却費額：72,000 × 90% ÷ 12 ＝ 5,400（要償却額：64,800）
  B 備品個別償却費額：108,000 × 90% ÷ 16 ＝ 6,075（要償却額：97,200）
  C 備品個別償却費額：120,000 × 90% ÷ 20 ＝ <u>5,400</u>（要償却額：<u>108,000</u>）
                16,875   270,000

  平均耐用年数：270,000 ÷ 46,875 ＝ 16（年）

 (b) 総合償却率の算定

  ① 取得原価を基礎とした計算：16,875 ÷（72,000 ＋ 108,000 ＋ 120,000）＝ 5.625%

  ② 要償却額を基礎とした計算：16,875 ÷ 270,000 ＝ 6.25%

 (c) 減価償却費額

  平均耐用年数による計算：270,000 ÷ 16 年 ＝ 16,875
  総合償却率 ① による計算：300,000 × 5.625% ＝ 16,875
  総合償却率 ② による計算：270,000 × 6.25% ＝ 16,875

【例題２（総合償却資産の一部売却）】

 先の例題で，その後 A 備品を 10,000 円で売却した場合の仕訳を示しなさい．

《解答》

  （借）減 価 償 却 累 計 額 64,800 （貸）A 備   品 72,000
     現 金 預 金 10,000   備 品 売 却 益 2,800
      →減価償却累計額は A 備品個別の要償却額を計上

              or

  （借）減 価 償 却 累 計 額 62,000 （貸）A 備   品 72,000
     現 金 預 金 10,000
      →売却損益を計上せず，減価償却累計額は差額で計上

【例題3（総合償却資産の一部除却）】 ※「連続意見書　第3」参照

先の例題で，その後A備品を除却した場合の仕訳を示しなさい．
(借) 減 価 償 却 累 計 額　　64,800　　(貸) A　　備　　　品　　72,000
　　　貯　　蔵　　品　　　　 5,200

　有形固定資産に属する問題として，近年再び俎上に上がっているものとして，リース取引に係る会計処理がある．

　リース取引とは，「特定の物件の所有者たる貸手（レッサー）が，当該物件の借手（レッシー）に対し，合意された期間にわたりこれを使用収益する権利を与え，借手は，合意された使用料を貸手に支払う取引」として定義される（「リース取引に関する会計基準」）．

　リース取引は，その契約内容からファイナンス・リース取引と，オペレーティング・リース取引とに分類される．基本的に両者を分ける視点は，ノンキャンセラブル，フルペイアウトというものにおかれる．すなわち，契約上のリース期間中に途中解約が不可能であるか実質的に不可能であることと，当該契約期間中に借手があたかも当該リース物件を所有しているかのように使用収益とすることができるという視点である．これら両者を満たすようなリース取引をファイナンス・リースと分類し，それ以外をオペレーティング・リース取引として分類する．

　そして，ファイナンス・リースと分類された場合，借手側では，当該物件に対する所有権はないものの，有形固定資産として会計処理することが求められるのである（オペレーティング・リース取引と分類された場合には，通常の賃貸借取引と同様の処理，すなわち，リース料の授受が行われたときに，それぞれ費用・収益として計上する）．

　さらに，わが国の会計基準では，ファイナンス・リースを(a)所有権移転ファイナンス・リースと，(b)所有権移転外ファイナンス・リースとに分類する．要点をまとめると次のようになる．

　(a)　所有権移転ファイナンス・リース

リース物件の所有権が借手に移転すると認められるリース取引のこと
- 所有権移転条項がある
- 借手側に割安購入選択権が付与されており，その行使が相当程度の確実性をもって予想される対象物件が特別仕様であって，借手のみに使用されることが明らかである

⇨借手側では通常の売買取引に係る方法に準じた会計処理を行う．

　リース開始時：（借）リース資産　×××　（貸）リース債務　×××
　　※1 借方勘定科目は適切な有形固定資産科目を用いる．
　　※2 金額は，原則として貸手側の購入価額とするが，不明のときは借手側の見積購入価額とリース料総額の割引現在価値のいずれか低いほうとする．
　　※3 現在価値計算で用いる利率は貸手側の計算利子率を用いるが，不明のときは借手側の追加借入利子率等を用いる．

　リース料支払時：（借）リース債務　×××　（貸）現金預金　×××
　　　　　　　　　　　　支払利息　×××
　　※支払利息計上額＝リース債務の未返済元本残高×計算利率

　減価償却計算：（借）減価償却費　×××　（貸）減価償却累計額　×××
　　※1 通常の減価償却計算を行う．
　　※2 耐用年数は経済的使用可能予測年数を用いる．

(b) 所有権移転外ファイナンス・リース

リース物件の所有権は借手に移転しないが，経済的実態がフルペイアウトとみなされる取引のこと

　判断用件
- 現在価値基準：リース料総額の現在割引価値≧見積現金購入額×90％
- 耐用年数基準：解約不能リース期間≧経済的耐用年数×75％

⇨通常の売買取引に係る方法に準じた会計処理

　リース開始時：（借）リース資産　×××　（貸）リース債務　×××

※1 借方勘定科目は適切な有形固定資産科目を用いる．

※2 金額は，原則として貸手側の購入価額不明のときは借手側の見積購入価額とリース料総額の割引現在価値のいずれか低いほう．

※3 現在価値計算で用いる利率は貸手側の計算利子率を用いるが，不明のときは借手側の追加借入利子率等を用いる．

リース料支払時：（借）リース債務　×××　（貸）現金預金　×××
　　　　　　　　　　　支払利息　×××

※1 支払利息計上額＝リース債務の未返済元本残高×計算利率

減価償却計算：（借）減価償却費　×××　（貸）減価償却累計額　×××

※1 通常の減価償却計算を行う（残存価額＝0）．

※2 耐用年数は経済的使用可能予測年数を用いる．

ファイナンス・リースを貸手側からみた場合の処理は次のようになる．

(a) 売上高と売上原価を区分する方法

リース開始時：（借）リース債権　×××　（貸）買掛金　×××

※1 対象物件購入価額

リース料受領時：（借）現金預金　×××　（貸）リース売上高　×××
　　　　　　　　　　　リース売上原価　×××　　　　リース債権　×××

(b) 売買益を計上する方法

リース開始時：（借）リース債権　×××　（貸）買掛金　×××

リース料受領時：（借）現金預金　×××　（貸）リース債権　×××
　　　　　　　　　　　　　　　　　　　　　　　リース売買益　×××

3. 無形固定資産

無形固定資産は，一定の法律によってその独占的排他権が保証されている法律上の権利（特許権など）と，他企業の合併などによって発生する有償取得ののれんから構成されるが，ここでは無形固定資産として計上されるソフトウェアについて概観する．

第9章 ストック・バリュー

まず，ソフトウェアに係る処理をみるためには，「研究開発費等に係る会計基準」（平成10年3月30日，企業会計審議会）で規定される研究開発費等に係る会計処理に関する知識が必要である．

当該基準では，「研究とは，新しい知識の発見を目的として計画的な調査及び探求」として，さらに「開発とは，新しい製品・サービス・生産方法についての計画若しくは設計又は既存の製品等を著しく改良するための計画若しくは設計として，研究の成果その他の知識を具体化すること」と定義されている．ここに，研究開発費はすべて発生時に費用として処理すべき旨が規定されている．

一方，ソフトウェアは「コンピュータを機能させるように指令を組み合わせて表現したプログラム」と定義づけされ，研究開発に該当する部分は同じく費用処理が指示されている．しかし，研究開発費に該当しないソフトウェアのなかで，一定の要件を満たすものは無形固定資産として資産計上され，貸借対照表に計上されることになる．

この点をまとめると次のように示すことができる．

分類 ┬ 研究開発費に該当するソフトウェア
　　 └ 研究開発費に該当しないソフトウェア ┬ 受注制作のソフトウェア
　　　　　　　　　　　　　　　　　　　　　 ├ 市場販売目的のソフトウェア
　　　　　　　　　　　　　　　　　　　　　 └ 自社利用目的のソフトウェア

そして，

受注制作のソフトウェア → 請負工事の会計処理に準じて処理

市場販売目的のソフトウェア → ┬ 製品マスター完成までの費用：研究開発費として処理
　　　　　　　　　　　　　　　 └ 製品マスター完成後の費用：無形固定資産として処理

社内利用目的のソフトウェア → 将来の収益獲得または費用削減が確実であると認められる場合：無形固定資産として処理

とそれぞれの処理が定められている.

　無形固定資産として計上したソフトウェアの償却は，当該ソフトウェアの性格に応じて，見込販売数量に基づく償却方法その他の合理的な方法により償却することが規定されている．ただし，毎期の償却額は，残存有効期間に基づく均等配分額を下回ってはならない．

　したがって，次の計算による，(a)・(b)のどちらか大きいほうが償却費となる．

(a) 見込販売数量に基づく計算

$$\text{ソフトウェア償却費} = \text{未償却残高} \times \frac{\text{実績ベースの当期販売量}}{\text{実績ベースの当期販売量} + \text{翌期以降見積販売量}}$$

(b) 残存有効期間に基づく計算

$$\text{ソフトウェア償却費} = \frac{\text{ソフトウェアに係る未償却残高}}{\text{残存有効期間}}$$

【例題4】

　次の一連の取引に関して，(a)見込販売数量に基づく償却方法を採用したとき，および，(b)見込販売収益額に基づく償却方法を採用したときのそれぞれの仕訳を示しなさい．

a. 市場販売目的のソフトウェア制作に係る現金支出￥900,000を無形固定資産として計上した．このソフトウェアの見込有効期間は3年であり，当初の総見込販売数量および総見込販売収益額は次のとおりである．

	総見込販売数量	総見込販売収益額
第1年度	2,800個	￥950,000
第2年度	1,200個	￥300,000
第3年度	2,000個	￥250,000
合　　計	6,000個	￥1,500,000

b. 第1年度末決算をむかえた．見込販売数量，見込販売収益額ともに当初見積りのとおりであった．

c. 第2年度末決算をむかえた．当該年度の実績販売数量は1,000個，実績販売収益額は￥240,000であった．これを受けて，第3年度の見込販売数量を

600個，見込販売収益額を¥210,000に下方修正した．
d．第3年度決算をむかえた．

《解答》

(a) 見込販売数量に基づく償却方法を採用したとき

① （借）ソフトウェア　　　　900,000　（貸）現　　　　　金　900,000
② （借）ソフトウェア償却費　420,000　（貸）ソフトウェア　420,000
③ （借）ソフトウェア償却費　300,000　（貸）ソフトウェア　300,000
④ （借）ソフトウェア償却費　180,000　（貸）ソフトウェア　180,000

第1年度末　見込数量基準　900,000×実績2,800個／（実績2,800個＋見込3,200個）
　　　　　　　　　　　　＝420,000

　　　　　　有効期間基準　900,000÷3年＝300,000

　　　　　　∴償却費＝420,000　（償却残＝900,000－420,000＝480,000）

第2年度末　見込数量基準　480,000×実績1,000個／（実績1,000個＋見込600個）
　　　　　　　　　　　　＝300,000

　　　　　　有効期間基準　480,000÷2年＝240,000

　　　　　　∴償却費＝300,000　（償却残＝480,000－300,000＝180,000）

第3年度末　償却費＝未償却残＝180,000

(b) 見込販売収益額に基づく償却方法を採用したとき

① （借）ソフトウェア　　　　900,000　（貸）現　　　　　金　900,000
② （借）ソフトウェア償却費　570,000　（貸）ソフトウェア　570,000
③ （借）ソフトウェア償却費　176,000　（貸）ソフトウェア　176,000
④ （借）ソフトウェア償却費　154,000　（貸）ソフトウェア　154,000

第1年度末　見込収益基準　900,000×実績950,000／（実績950,000＋見込550,000）
　　　　　　　　　　　　＝570,000

　　　　　　有効期間基準　900,000÷3年＝300,000

　　　　　　∴償却費＝570,000　（償却残＝900,000－570,000＝330,000）

第2年度末　見込収益基準　330,000×実績240,000／（実績240,000＋見込210,000）
　　　　　　　　　　　　＝176,000

　　　　　　有効期間基準　330,000÷2年＝165,000

　　　　　　∴償却費＝176,000　（償却残＝330,000－176,000＝154,000）

第3年度末　償却費＝未償却残＝154,000

4. 繰延資産

　繰延資産は，会計上の基本的な思考である，収益費用対応の原則に基づいて計上される，計算擬制的な資産であって，物理的な存在はなく，したがって財産価値も希薄なきわめて特殊な資産である．現行ルール上認められている繰延資産は次の表のとおりであるが，昨今では国際的な会計ルールとの収斂に向けて，その内容が縮小傾向にある．

図表９－３

	償却の開始	償却期間	P/L 表示
創立費	会社成立後（開業前利息配当時はその終了後）	5年内	営業外費用
開業費	開業後	5年内	営業外費用
研究費および開発費	支出後	5年内	販管費または営業外費用
株式交付費	新株発行後	3年内	営業外費用
社債発行費	社債発行後	3年内（償還期間が3年以内の時は期限内）	営業外費用

注）研究費および開発費に関しては「研究開発費等に係る会計基準」による

　平成18年に公表された実務対応報告第19号「繰延資産の会計処理に関する当面の取扱い」においては原則として支出時費用処理が指示されている．

5. 退職給付引当金

　負債の部における近時の論点は，退職給付引当金の計上である．従来，退職給与引当金が計上されていた際には，企業の退職一時金等に対する積立不足が貸借対照表上では認識されてこなかったという欠点があった．しかし，「退職給付に係る会計基準」（平成10年6月16日，企業会計審議会）の設定により，こうした企業のストック価値に対する批判や危惧されていた一面が大きく前進したのである．

　退職給付引当金についてみる場合，まず，退職給付債務について知る必要が

ある．

　退職給付債務とは，一定の期間にわたり労働を提供したこと等の事由に基づいて，退職以降に従業員に支給される給付（退職給付）のうち認識時点までに発生していると認められるものをいい，割引計算により測定される．

　これを図で示せば次の図表9－4のようになる．

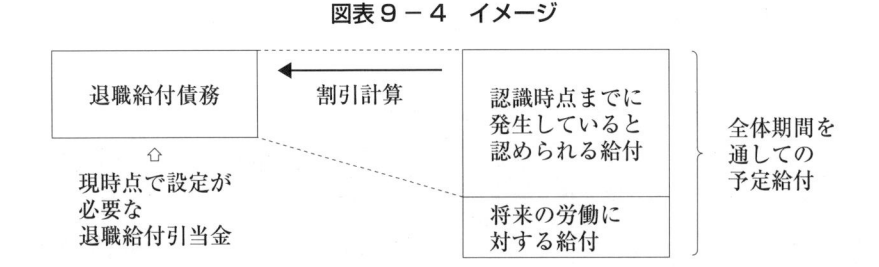

図表9－4　イメージ

```
┌──────────┐        ┌──────────────┐  ┐
│ 退職給付債務 │ ←割引計算  │ 認識時点までに │  │
└──────────┘        │ 発生していると │  │ 全体期間を
      ⇧             │ 認められる給付 │  ├ 通しての
   現時点で設定が     ├──────────────┤  │ 予定給付
   必要な             │ 将来の労働に   │  │
   退職給付引当金     │ 対する給付     │  │
                     └──────────────┘  ┘
```

計算手続は次のようになる．

① 　退職給付見込額の計算

　　退職給付見込額＝生存退職金×退職確立＋死亡退職金×死亡率

② 　退職給付見込額の期末までの発生額の計算

$$期末までの発生額＝退職給付見込額 \times \frac{期末までの勤務期間}{予想退職時までの勤務期間}$$

　　もしくは

$$期末までの発生額＝退職給付見込額 \times \frac{期末までの給与合計}{予想退職時までの給与合計}$$

③ 　現在価値の計算

　　期末までの発生額×現価計数

　次に，退職給付引当金を計上する際の退職給付費用についてであるが，これは，主要部分だけみると，

　　退職給付費用＝勤務費用＋利息費用

として算定される．

勤務費用とは，一定期間の労働の対価として発生したと認められる退職給付をいい，割引計算により測定される。また，利息費用とは，割引計算により算定された期首時点における退職給付債務について，期末までの時の経過により発生する計算上の利息をいう．

計算手続は次のようになる．

勤務費用

① 退職給付見込額の計算

② 退職給付見込額の期末までの発生額の計算

③ 期末までの発生額の現在価値の計算

$$期末までの発生額 = 退職給付見込額 \times \frac{当期の勤務期間}{予想退職時までの勤務期間}$$

利息費用

利息費用 ＝ 期首時点での退職給付債務 × 割引率

(※ 一般に，退職給付債務は期首において計上するので，視点は期首時点におかれる．)

期首退職給付債務 ＋ （勤務費用 ＋ 利息費用） ＝ 期末退職給付債務

これらを計算したうえで，基本的な仕訳パターンは次のようになる．

退職給付会計基準移行時

　　（借）退 職 給 与 引 当 金　×××　　（貸）退 職 給 付 引 当 金　×××

期首の処理

　　（借）退 職 給 与 費 用　×××　　（貸）退 職 給 付 引 当 金　×××

退職金支払時

　　（借）退 職 給 付 引 当 金　×××　　（貸）現　金　預　金　×××

臨時的な支給であり，退職給付引当金を超える場合

　　（借）退 職 給 付 費 用　×××　　（貸）現　金　預　金　×××

退職給付の会計では，さらに，次の用語を確認する必要があり，これらを含めることで退職給付費用の計上が適正に行われる．

まず，過去勤務債務という用語であるが，これは，退職給付水準の改訂等に起因して発生した退職給付債務の増加または減少部分をいう．このうち，費用処理されていないものを未認識過去勤務債務という．

次に，数理計算上の差異という用語であるが，これは，年金資産の期待運用収益と実際の運用成果との差異（企業年金制度を前提とする），退職給付債務の数理計算に用いた見積数値と実績との差異および見積数値の変更等により発生した差異をいう．このうち，費用処理されていないものを未認識数理計算上の差異という．

これら過去勤務債務および数理計算上の差異は，原則として，各期の発生額について平均残存勤務期間以内の一定の年数で按分した額を毎期費用処理しなければならない．ただし，未認識過去勤務債務および未認識数理計算上の差異の残高の一定割合を費用処理する方法によることも認められている．また，数理計算上の差異の発生額については，当期の発生額を翌期から費用処理する方法を用いることもできる．

《仕訳》（結果として退職給付債務が増加する場合を想定）
　　　（借）退職給付費用　×××　　（貸）退職給付引当金　×××

最後に，会計基準変更時差異という用語であるが，これは，企業における旧制度から「退職給付に係る会計基準」の採用により生じる差異のことであり，適用初年度から15年以内に定額法による費用処理とするか，一括費用処理とする．

　→《仕訳》（結果として退職給付引当金に積立不足がある場合を想定）
　　　（借）退職給付費用　×××　　（貸）退職給付引当金　×××

ここまでをまとめると，

　　{ 退職給付引当金＝退職給付債務±未認識過去勤務債務・未認識数理計算上の差異・
　　　　　　未処理会計基準変更時差異
　　　退職給付費用＝勤務費用＋利息費用＋過去勤務債務・数理計算上の差異・
　　　　　　会計基準変更時差異の費用処理額

と示すことができる．

ここまでは，退職一時金制度を前提として説明してきたが，企業では，外部の年金基金や適格退職年金に一定金額を支出して，その運用を委託している場合が多い．これを企業年金制度と称するが，ここでもいくつかの用語を確認する必要がある．

　まず，年金資産という用語であるが，これは，企業年金制度に基づき退職給付に充てるため積み立てられる資産であり，退職金の支払は年金基金から行われることになる．したがって，企業にとっては年金資産と退職給付債務が同額分だけ減少することになるので補助簿などでの管理にとどめ，退職給付引当金を増減させることはない．結果として会計上の仕訳はないことになる．

　次に，期待運用収益という用語であるが，これは，年金資産の運用によって生じると予想される収益のことで，退職給付費用の算定にあたって，期首に見積もることになる．

　年金資産の評価に係る論点としては，期首に見積もられた期待運用収益と実際の運用成果との間に差が出る可能性があることであり，これは数理計算上の差異として把握する．結果，先に退職一時金制度を前提とした式は次のような完成した形で示すことができる．

$$\begin{cases} 退職給付引当金 = 退職給付債務 - 年金資産 \pm 未認識過去勤務債務・未認識数理計算上の差異・未処理会計基準変更時差異 \\ 退職給付費用 = 勤務費用 + 利息費用 - 期待運用収益 + 過去勤務債務・数理計算上の差異・会計基準変更時差異の費用処理額 \end{cases}$$

演・習・問・題

問1　資産構成について説明しなさい．
問2　販売目的資産の認識と測定について説明しなさい．
問3　使用・利用目的資産の認識と測定について説明しなさい．

参考文献

『会計法規集〔第25版〕』中央経済社

櫻井久勝（2006）『財務会計講義』中央経済社

――――――――《推薦図書》――――――――

1. 現代会計研究会（2001）『現代会計研究』白桃書房
   資金会計を中心として会計学が抱える今日的問題を考究する論文集.
2. 藤田敬司（2005）『現代資産会計論』中央経済社
   資産をその属性から有形資産・金融資産・無形資産に分類し，認識・測定から認識中止までを考察した研究書.
3. Kerr, J. G. (1984) *The Definition and Recognition of Liabilities*, Australian Accounting Research Foundation.（徳賀芳弘訳『負債の定義と認識』九州大学出版会，1989年）
   負債の定義を見直し，その認識に係る諸問題を検討した研究書.

第10章の要約

　金融機関の自己資本比率や，一般事業会社の急激な赤字転落，将来的な収益動向のとらえ方における監査人との意見対立などの事例で注目されている，繰延税金資産・繰延税金負債の基本を解説する．確定決算主義を前提とする企業会計制度において，企業会計上の資産・負債と税法上の資産・負債とにズレが生じた場合，それらの差がどのように処理されているのか，また，結果として企業のパフォーマンスを計算擬制的に向上させる結果ももたらす税効果会計の内容を検討し，繰延税金資産が無制約に計上されるものではないことの理解を通して，財務諸表情報を理解する視点の涵養を目的とする．

第10章　フロー・バリュー

1. 税効果会計

　税効果会計とは,「企業会計上の資産又は負債の額と課税所得計算上の資産又は負債の額に相違がある場合において,法人税その他利益に関連する金額を課税標準とする税金（以下「法人税等」という）の額を適切に期間配分することにより,法人税等を控除する前の当期純利益と法人税等を合理的に対応させることを目的とする手続」（「税効果会計に係る会計基準」企業会計審議会　平成10年10月30日）である.

　法人税は,企業会計上の税引前当期純利益に法人税法上の調整を加えた課税所得に税率を乗じて計算されるものであるから,次の図に示すような問題点が発生する.

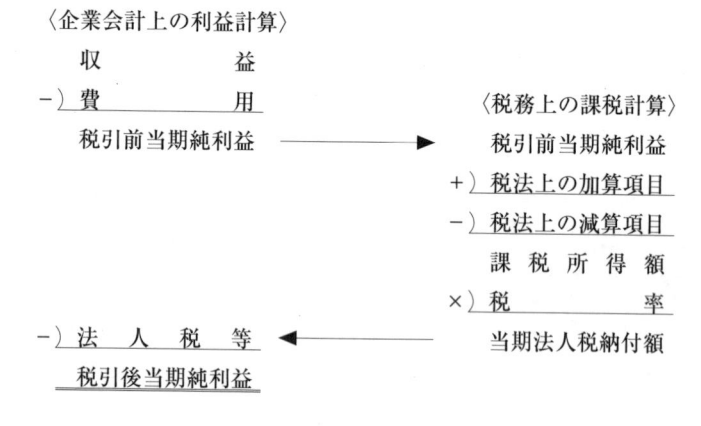

```
〈企業会計上の利益計算〉
        収         益
     －）費         用
        税引前当期純利益　　──→　　〈税務上の課税計算〉
                                    税引前当期純利益
                                 ＋）税法上の加算項目
                                 －）税法上の減算項目
                                    課　税　所　得　額
                                 ×）税　　　　　　率
     －）法　人　税　等　　←──　　当期法人税納付額
        税引後当期純利益
```

　すなわち,税引前当期純利益と課税額とは対応しているのか,結果としての税引後当期純利益は企業が一会計期間に獲得したどのような利益を示しているのか,という問題である.

　図からもわかるように,期間損益計算に税務上の調整計算が関与することで歪みが生じると考えることができ,結果として,利益の時系列比較,企業間比較に問題が残るのである.そこで,企業会計上の利益に対応した法人税等が計

上されるような調整が必要であるとの考えから，税効果会計が必要とされるのである．

税効果会計の方法を実施するに際しては，次のように，① 繰延法という考え方と，② 資産負債法という考え方がある．

①　繰延法

繰延法とは，会計上の収益または費用の金額と税務上の益金または損金の額に相違がある場合，その相違項目のうち，損益の期間帰属の相違に基づく差異（期間差異）について，発生した年度の当該差異に対する税金軽減額または税金負担額を差異が解消する年度まで貸借対照表上，繰延税金資産または繰延税金負債として計上する方法である．

②　資産負債法

会計上の資産または負債の金額と税務上の資産または負債の金額との間に差異があり，会計上の資産または負債が将来回収または決済されるなどにより当該差異が解消されるときに，税金を減額または増額させる効果がある場合に，当該差異（一時差異）の発生年度にそれに対する繰延税金資産または繰延税金負債を計上する方法である．

つまり，① 繰延法は，収益・費用アプローチに基づく思考方法と位置づけることができ，一時差異に係る税金を差異が解消する期まで繰り延べる方法であり，② 資産負債法は，資産・負債アプローチに基づく思考方法と位置づけることができる．ここで重要なことは，資産負債法では，将来の解消時点が重視されるため，差異が解消されると予測される年度の税率に基づいて計算する，つまり，繰延税金資産の回収可能性を考慮に入れなければならないということである．

税効果会計が対象としている税の範囲は，利益に関連する金額を課税標準とする税金であるところから，法人税，住民税，事業税であり，計算要素として用いられる実効税率は，

$$\text{実効税率} = \frac{\text{法人税率} \times (1 + \text{住民税率}) + \text{事業税率}}{1 + \text{事業税率}}$$ として示される.

税効果会計で対象となる差異は，一時差異とよばれるもので，次のようにまとめることができる.

（1）一時差異が生じるケース

① 収益・費用と益金・損金の帰属年度の相違によるケース

棚卸資産評価損の損金不算入額

減価償却費の償却限度超過額

引当金の繰入限度超過額

利益処分による圧縮積立金　等

② 資産の評価替えにより生ずる評価差額が直接純資産の部に計上され，かつ課税所得計算に含まれていないケース

その他有価証券評価差額金　等

（2）一時差異の種類

① 将来減算一時差異

一時差異が解消する際，その期の課税所得を減額する効果をもつもの.

企業会計上の資産計上額＜税務上の資産計上額

企業会計上の負債計上額＞税務上の負債計上額

② 将来加算一時差異

一時差異が解消する際，その期の課税所得を増額する効果をもつもの.

企業会計上の資産計上額＞税務上の資産計上額

企業会計上の負債計上額＜税務上の負債計上額

こうした一時差異を，将来減算一時差異と将来加算一時差異とに分類して具体例を示せば次のとおりとなる.

(3) 将来減算一時差異の具体例

① 棚卸資産評価損の損金不算入額

企業会計上の評価損計上額が，税務上損金とならない（損金不算入）の場合，企業会計上の利益に損金不算入額を加算して課税所得が計算される．

図表10－1　イメージ図

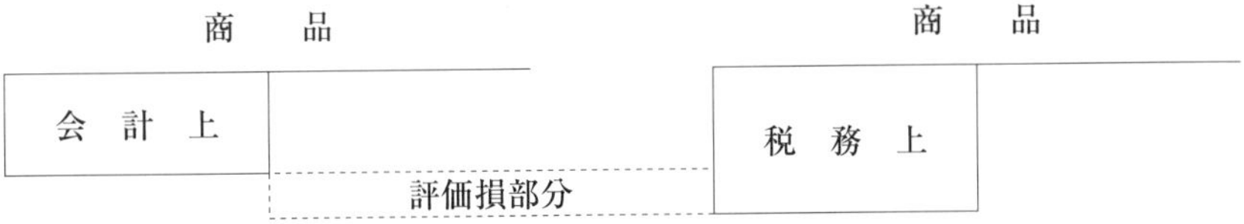

```
            商　品                         商　品
  ┌─────────┐                  ┌──────────────────┐
  │ 会　計　上 │                  │    税　務　上    │
  └─────────┴────────┘    └──────────────────┘
            └┈┈┈┈┈┈┈┈┈┘
                評価損部分
```

一時差異発生時：
　　（借）繰延税金資産　×××　（貸）法人税等調整額　×××　←損金不算入額×実効税率

一時差異解消時：
　　（借）法人税等調整額　×××　（貸）繰延税金資産　×××

② 減価償却費の償却限度超過額

企業会計上の正規の減価償却に対して，税務上は法定耐用年数等に基づいた一定の方法による償却限度額が規定されている．企業会計上の減価償却費が税務上の償却限度額を超過した場合，企業会計上の利益に超過額を加算して課税所得が計算される．

図表10－2　イメージ図

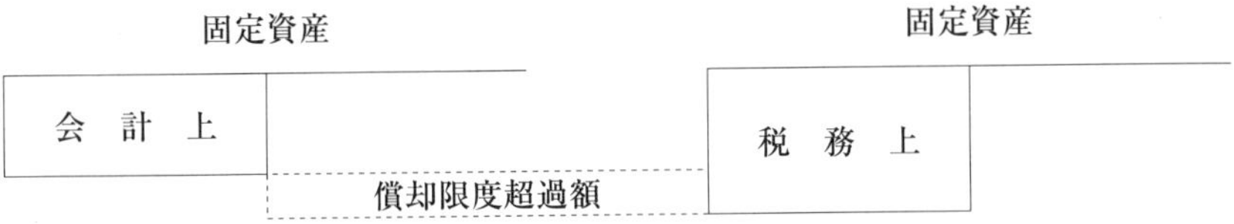

```
          固定資産                      固定資産
  ┌─────────┐               ┌──────────────┐
  │ 会　計　上 │               │   税　務　上  │
  └─────────┴─────┘        └──────────────┘
            └┈┈┈┈┈┈┈┘
             償却限度超過額
```

一時差異発生時：
　　（借）繰延税金資産　×××　（貸）法人税等調整額　×××　←償却限度超過
　　　　　　　　　　　　　　　　　　　　　　　　　　　　　　　額×実効税率

一時差異解消時：
　　（借）法人税等調整額　×××　（貸）繰延税金資産　×××

③　引当金の繰入限度超過額

　企業会計上の実態や経験に基づいた引当金計上に対して，税務上は一定の計算による額が繰入限度額となる．

図表10－3　イメージ図

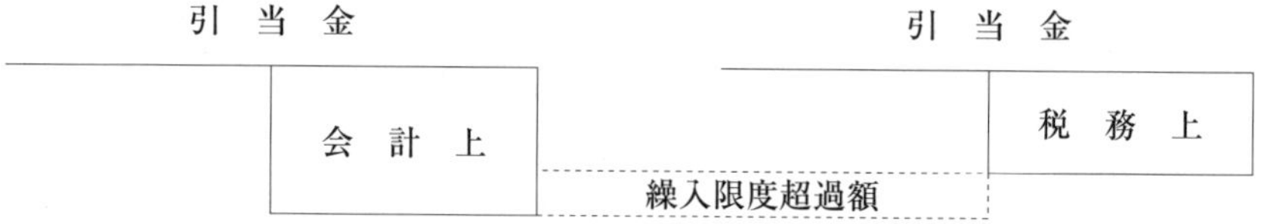

引　当　金	引　当　金
会　計　上	税　務　上

繰入限度超過額

一時差異発生時：
　　（借）繰延税金資産　×××　（貸）法人税等調整額　×××　←繰入限度超過
　　　　　　　　　　　　　　　　　　　　　　　　　　　　　　　額×実効税率

一時差異解消時：
　　（借）法人税等調整額　×××　（貸）繰延税金資産　×××

④　将来加算一時差異の具体例

・圧縮記帳（利益処分方式による記帳）

　企業会計上の記帳
　　（借）未処分利益　×××　（貸）固定資産圧縮積立金　×××

　ここでは，費用発生がなく，固定資産簿価にも影響を及ぼさないが，税務上は，固定資産圧縮損として損金算入され固定資産簿価も減額される．

　したがって，企業会計上の利益から損金計上された圧縮損が減算されて課税所得が算定される．

図表10－4　イメージ図

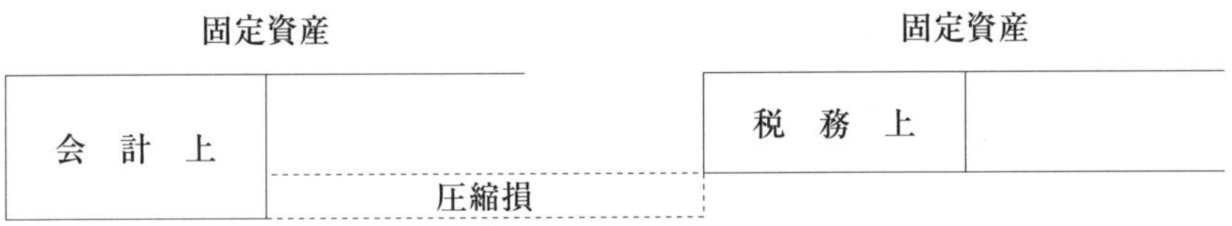

```
        固定資産                        固定資産
┌─────────┬──────────┐      ┌─────────┬──────────┐
│ 会  計  上 │          │      │ 税  務  上 │          │
│         │   圧縮損   │      │         │          │
└─────────┴──────────┘      └─────────┴──────────┘
```

一時差異発生時：
　　（借）法人税等調整額　×××　（貸）繰延税金負債　×××　←圧縮額×
　　　　　　　　　　　　　　　　　　　　　　　　　　　　　　　　実効税率

利益処分時：
　　（借）未処分利益　×××　（貸）圧縮積立金　×××　←圧縮額×
　　　　　　　　　　　　　　　　　　　　　　　　　　　　　（1－実効税率）

一時差異解消時：
　　（借）繰延税金負債　×××　（貸）法人税等調整額　×××

積立金取崩時：
　　（借）圧縮積立金　×××　（貸）未処分利益　×××

圧縮記帳のその他の記帳方法では，

(a)　直接減額法によると
　　（借）固定資産圧縮損　×××　（貸）固　定　資　産　×××

となり，費用計上とともに固定資産簿価も減額される．

(b)　間接減額法によると
　　（借）固定資産圧縮損　×××　（貸）圧　縮　引　当　金　×××

となり，費用計上とともに固定資産簿価も間接的に減額される．

⑤ その他有価証券評価差額

図表10-5　評価益の場合のイメージ図

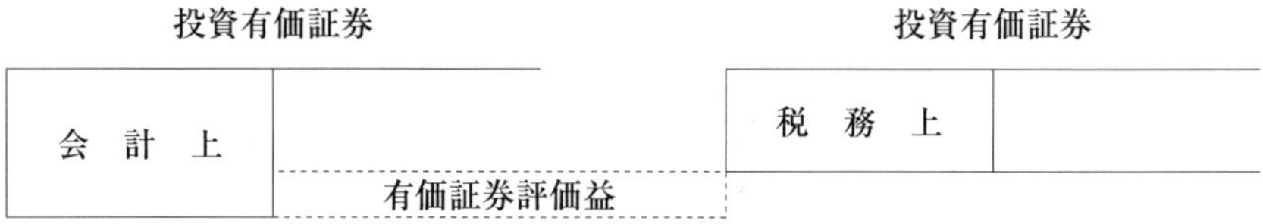

```
      投資有価証券                    投資有価証券
┌─────────┬──────────┐      ┌─────────┬──────────┐
│ 会 計 上 │          │      │ 税 務 上 │          │
└─────────┼──────────┘      └─────────┴──────────┘
          │有価証券評価益 │
          └──────────────┘
```

一時差異発生時：
　　（借）投資有価証券　×××　（貸）繰延税金負債　×××　←評価益×実効税率
　　　　　　　　　　　　　　　　　　その他有価証券評価差額金　×××　←評価益(1-実効税率)

一時差異解消時：
　　（借）繰延税金負債　×××　（貸）投資有価証券　×××
　　　　　その他有価証券評価差額金　×××

図表10-6　評価損の場合のイメージ図

```
      投資有価証券                    投資有価証券
┌─────────┬──────────┐      ┌─────────┬──────────┐
│ 会 計 上 │          │      │ 税 務 上 │          │
└─────────┴──────┬───┘      └─────────┴──────────┘
          │有価証券評価損│
          └──────────────┘
```

一時差異発生時：
　　（借）繰延税金資産　×××　（貸）投資有価証券　×××
　　　　　　　　　　　　　　　　　　その他有価証券評価差額金　×××

一時差異解消時：
　　（借）投資有価証券　×××　（貸）繰延税金資産　×××
　　　　　その他有価証券評価差額金　×××

（4）繰越欠損金

税務上，課税所得がマイナスとなる場合欠損金が生じていることになるが，これは次年度以降（発生年度の翌年度以降3年まで）に繰り越される．期限がくるまでは課税所得を減算することができ，将来減算一時差異の効果をもたらす．これは，会計上と税務上の簿価の相違ではないので厳密には一時差異ではないが，同様の効果をもたらすところから税効果会計の対象となる．

繰越欠損金発生時：
　（借）繰延税金資産　×××　（貸）法人税等調整額　×××

繰越欠損金解消時：
　（借）法人税等調整額　×××　（貸）繰延税金資産　×××

次に，繰延税金資産・繰延税金負債の求め方であるが，これは次のような手順を踏む．

① 資料に基づき決算整理を行い，税引前当期純利益を算出するとともに，法人税等の納付額を算出する．

② 資料の加算・減算項目等に基づき，将来減算一時差異と将来加算一時差異を累積（通年）で求めておく．

③ 将来減算一時差異から繰延税金資産を，将来加算一時差異から繰延税金負債を算出する．

④ 期首の繰延税金資産，繰延税金負債残高と③で算出した期末の繰延税金資産，繰延税金負債残高との差額を求めて，法人税等調整額を算出する．

【例題1】

次の取引における税効果に関する仕訳を示しなさい．実効税率は40％とする．

① 05年，商品¥1,600に対して評価損¥600を計上したが，当該金額は損金不算入額である．

② 06年，上記商品を¥2,000で売却した．

《仕訳》
　① （借）繰延税金資産　　　　240　（貸）法人税等調整額　　　　240

第10章　フロー・バリュー

② （借）法人税等調整額　　240　（貸）繰延税金資産　　240

一時差異の計算
　企業会計上の簿価：1,600 − 600 = 1,000
　税務上の簿価：1,600
　一時差異：600

課税所得の確認（05年の収益を￥2,000とする）

05年
　企業会計上：2,000 − 600
　税務上：2,000
　課税額：2,000 × 40%

06年
　企業会計上：2,000 − 1,000
　税務上：2,000 − 1,600
　課税額：400 × 40%

→　損益計算書での確認

	05年	06年
税引前当期純利益	1,400	1,000
法人税等	800	160
法人税等調整額	△240	240
差引・合計	560	400
当税引後期純利益	840	600

【例題2】

次の取引における税効果に関する仕訳を示しなさい．実効税率は40%とする．洗替法による．

① 05年，貸倒引当金を￥1,000計上した．税務上の繰入限度額は￥600である．

② 06年，貸倒引当金を￥1,200計上した．税務上の繰入限度額は￥700である．

《仕訳》
① （借）繰延税金資産　　160　（貸）法人税等調整額　　160　←(1,000 − 600)
　　　　　　　　　　　　　　　　　　　　　　　　　　　　　　　× 40%
② （借）繰延税金資産　　40　（貸）法人税等調整額　　40

※ （借）法人税等調整額　　160　（貸）繰延税金資産　　160
　（借）繰延税金資産　　　200　（貸）法人税等調整額　200

2. 収益会計

　個別具体的な項目以外で，企業の作成する損益計算書に計上される収益の意義と計上の基準を会計的な視点から解説する．

　収益は基本的に企業の主たる営業取引過程において，たとえば商業であれば商品を仕入れ，販売して代金を回収する過程，製造業であれば原材料を購入し，製品を製造・販売して代金を回収する過程においてもたらされる純資産の増加分のことをさす．この際，活動元本たる資本に関わる取引，すなわち，増資やその他の資本取引は，主たる営業取引とは関係のない取引行為であるので純資産の増分から控除することに注意しなければならない．

　このように，収益は主たる営業取引の結果として把握されるものではあるが，一方で，その価値増殖は営業取引や各種企業活動のプロセスにおいて徐々に生起するものとも考えることができる．たとえば，製造業において，原材料に一定の加工を加えた結果，製品にまでは至らないものの仕掛品や半製品という形態のあるものであっても，原材料という形態に比すれば一定の付加価値が発生しているともみることができるのである．したがって，価値増殖自体は製造プロセス，販売プロセス，代金回収プロセスの各段階で発生しているともいえるのである．

　目的をもった，ある一連の営業取引が完結した段階では，全体的な価値増殖を純資産の増加として一括的に把握することができるが，企業会計では，適切な期間損益計算，適切な企業業績把握のために，こうした価値増殖を適切な期間に帰属させ（これを認識という），適切な価額を付して（これを測定という）会計帳簿に記録する必要が生じる．

　この一連の会計行為を支えるものが収益の計上基準であり，この収益の計上基準を支える基本的な会計思考として現金主義，実現主義，発生主義がある．

第10章　フロー・バリュー

　現在の企業会計制度を支える収益計上基準は実現主義という思考に基づくものであるところから，実現主義の内容から解説することとする．

　実現主義とは，収益としての価値増加に実現性を求める抽象的ではあるが極めて基本的な会計思考である．ここで価値増加が実現するとは，それが後になって取り消されないという意味での蓋然性，すなわち確定性をもって確認されることを意味する．企業は一定の価値増加を目的として一連の営業取引を行うのであるが，その目的が達成され，価値増加の確定性が確認された時点で収益を認識しようとする考え方である．

　具体的に商業・製造業・サービス業を例としてみると，これらの業種で価値増加の確定性が確認できるのは，財貨またはサービスを取引相手の第三者に引き渡し，その対価として現金または現金同等物（貨幣性資産）を受け取った時点とみることができる．取引当事者間で当該取引に関する合意があるからこそ，販売側では財貨またはサービスを引き渡す行為を行うのであり，また購入側ではそれに対する対価の支払い行為を行うのであり，ここに一連の営業取引はその目的を達成して完結したとみることができるのである．ここにみるように，販売行為における価値交換の2方向を価値増加の確定的段階とみなして収益を計上する基準を販売基準と称する．

　販売基準の2つの要件については，伝統的に，次のような問題点が指摘されてきた．

　まず，財貨またはサービスの引き渡しであるが，これに関しては，引渡行為がいつ完結するとみなせるかという問題がある．すなわち，販売側の発送時点と解するか，購入側の検収時点と解するかという問題である．商取引上は，取引相手である購入側が注文通りの財貨またはサービスを確認したうえで得心して検収することで当該取引が完結するという解釈をする場合もあるであろうが，企業会計上はこれを販売側の適正な手続による発送時点と解釈する．発送後，運搬上発生した何らかの瑕疵は，当該販売行為の達成とは別の行為における問題と解し，あくまでも財貨またはサービスを販売することへの合意の存在，そ

してその発送が販売行為のひとつの価値の流れを構成すると解するのである．したがって，この点に関する現行の会計処理では，財貨またはサービスの発送時点で（もうひとつの要件を満たした場合）帳簿上収益を認識する．そして，もし事後的に発送した財貨またはサービスの品質不良や両目不足による問題が発生し，結果として値引・返品が必要となったならば，その時点で帳簿上認識された収益の修正記録を行うという処理をすることになるのである．

次に，対価としての現金または現金同等物（貨幣性資産）の受領に関してであるが，この受け取り資産の内容は伝統的に現金または現金請求権として解されてきた．すなわち，現金同等性に関する解釈上の問題が存在したのであり，一般に現金への転化が（市場の存在を前提として）早い有価証券の受領がそこに含まれるのか否か，またはやや範囲を拡げて，現金への転化が早い流動資産までもが含まれるのか否かが問題となってきたのである．

これは会社法上の分配可能額や法人税法上の課税所得額を構成する企業の処分可能利益額をいかに確定したものとするかという制度的な利益観に拘束される関係から，利益の源泉たる収益には資金的裏づけが必要であるとされ，結果として現金または現金請求権としての存在と解されるに至っているのである．

先に，財貨またはサービスの引き渡しという要件の箇所で，発送した商品に何らかの瑕疵があった場合，それが事後的に判明し値引・返品等の対応が必要となった時点では，そもそもの発送行為に問題があったと解して帳簿上の収益計上を修正することを指摘したが，現金または現金同等物の受領に関しても外形的には類似のことを考えることができる．たとえば，商品を発送して代金は掛とした場合，商品発送の要件は満たしており，対価として現金請求権である売掛金という現金同等物も受領しているので，この時点で帳簿に収益が認識，記録される．その後，売掛金の回収不能（貸倒れ）が発生した場合にはどのように考えたらよいのであろうかという問題がある．この場合，実現の要件は満たしているので，先の例のように収益額の帳簿修正は行わない．すなわち貸倒れに関しては，実現後の現金回収プロセスにおける瑕疵の発生として収益の認識

とは切断して把握するのである．結果として，貸倒の可能性に対しては貸倒引当金を設定することで，その際に計上される費用の問題として処理するのである．

現行の収益計上基準を支える実現の考え方，およびそれに支えられた具体的計上基準としての販売基準をみてきたが，近時，取引内容の多様化や会計基準の変更に関連して，以下のような諸問題が起きていることを指摘することができる．

従来，実現主義や販売基準が想定していたのは，財貨に関しては物量把握が可能な（実物経済を前提とした）「モノ」であり，サービスに関しても一過性もしくは回帰性のない，いわゆる用役であった．これらは，引渡し行為の存在それ自体を把握もしくは管理することが可能であったのであるが，しかし最近では特にコンピュータ関連ソフトに顕著に見受けられるような個別把握が困難な性質のものが経済行為の大きな範囲を占めるようになってきたという問題が起きている．これは，ソフトの記憶媒体としてのモノそれ自体が売買の対象ではないこと，また，マスターソフトから販売用ソフトへの転換の容易さから，そしてその再現性・復元性の高さから，発送商品としての把握の困難性が指摘されるところの問題である．適正な会計処理が厳密に行われている限りは問題は生じないが，それがもっぱら伝票や注文票・送り状等の証憑のみでしか確認できないような商取引の場合に対応できうるのかという点は今後の制度的な対応が求められるところである．コンピュータソフト関連の企業で業績修正が多々見受けられるが，そこではどの時点で収益認識が行われるべきかという問題が内在している場合が多いことがその例であろう．

また，会計基準の変更との関連では，対価として受領する現金または現金同等物の内容の多様性が指摘される．伝統的には，販売行為や交換行為を経ることなく，現金への転化が容易である現金請求権が現金同等物の内容として解されてきたのであるが（上述のように，処分可能利益算定という制度的な制約のもとで），金融商品に関する会計基準では，短期保有目的の有価証券に係る

「評価損益」が認識の対象とされることとなった．これは，保有する短期保有目的有価証券の市場価額が上がれば，帳簿上，評価益という収益を計上することを意味する．評価益の計上は，一方で資産である短期保有目的有価証券の貸借対照表上の計上額を増額させることになるので，こうした知識を有していれば現在求められている時価情報や，それにともなう価値増殖のありようを財務諸表から読み込むことができるものの，従来の実現の考え方に拘泥していると開示情報から適切な業績把握ができなくなるという危険性をはらんでいることになるので注意が必要である．

　現行の収益計上基準を支える実現主義と，その考えに基づいた代表的な収益計上基準である販売基準をみてきたが，ここでは現金主義と発生主義を解説することとする．現金主義，発生主義ともそれ自身が現行制度を支える中心概念として位置づけられるものではないが，これらの考え方の一環が現行の収益計上基準の容認規定等に見受けられるところから，その意義と長所・短所を把握しておくことは重要であると思われる．

　現金主義は，現金の収入事実を収益計上の要件とする基本思考である．収入事実を要件とするところから極めて客観的であり，事後的な検証性も高いという長所があるものの，信用経済のもとでは，先にみたように企業の目標達成時点と現金回収時点とがずれることがもっぱらであるところから適正な収益認識が行えないという短所がある．

　発生主義は，商品・製品の在庫管理プロセスや製品の製造プロセスなどで徐々に生起すると考えられる価値増殖を，その発生態様に応じて認識しようとする基本思考である．確かに，企業における価値増殖はそれぞれの個別具体的な活動が，それぞれが有する努力を達成することによって形成されるという考え方は，企業努力に見合った収益計上を可能せしめるという長所を有している．しかし，現在の価額評価・測定技術では，それらはあくまでも主観的な判断に基づかなければならないという金額の客観性確保という視点からは行為規範としての適格性を欠くという短所が指摘される．

現行会計制度の枠内では，割賦販売等の特殊商品売買に関して，その販売形態の特殊性ゆえに認められている入金時収益計上規定において現金主義的な処理が，また，長期の請負工事に関して，工事完成・引渡時においてではなく，工事進捗度合に応じて収益を計上することが認められている工事進行基準という会計基準に発生主義的な処理が認められている（工事進行基準に関しては，その請負契約の存在という特質から実現主義の枠内で収益認識の理論的正当性を支持する考え方もある）．

3. 費用会計

個別具体的な項目以外で，企業の作成する損益計算書に計上される費用の意義と計上の基準を会計的な視点から解説する．

費用は基本的に企業の主たる営業取引過程において，たとえば支払家賃や給料のように現金支出をともなって計上されるもの，引当金の計上において将来の支出額や価値減少額として計上されるもの，さらには販売された商品原価として計上されるもの，有形固定資産に関して計上される減価償却費などのように，結果としてもたらされる純資産の減少分のことをさす．換言すれば，収益という価値増殖目的における，その実現のための努力部分ということができる．この際，活動元本たる資本に関わる取引，すなわち，減資やその他の資本取引は，主たる営業取引とは関係のない取引行為であるので純資産の減分から控除することに注意しなければならない．

適正な期間損益計算，業績把握のためには，費用に関しても収益と同様に計上基準を支える基本的な会計思考として現金主義，発生主義がある．

現金主義は，現金支出という事実をもって費用計上の要件とする基本思考であるが，収益の箇所で触れたように，客観性・検証性の意味では長所を有するものの，現在の信用経済のもとではなされた努力の度合いと費用計上時点がずれてしまうこと，ひいては，努力と成果とを対応させて業績を把握しようとする目的にはそぐわないという短所が指摘される．

現在の企業会計制度を支える費用計上基準は発生主義という思考に基づくものであるところから，以下，発生主義の内容を解説することとする．

発生主義は，収益の箇所でも触れたが，この場合は価値減少の各種プロセスごとの生起態様に応じて費用を認識しようとする基本思考である．

費用の生起態様に応じた認識，換言すれば価値減少の発生事実をもって費用を認識しようとするこの考え方には，価値減少の発生事実とはなにをもってそう確認するかという視点から，伝統的に狭義説と広義説が展開されている．

発生主義狭義説は，客観的に把握可能な価値減少事実の発生のみを費用認識の要件とする考え方である．すなわち，現金の流出をともなう事実の発生，棚卸資産の質的・物的価値減少という事実の発生など，それらが客観的事実として把握される場合に，その相当価額を費用として認識しようとするものである．そして，こうした費用項目を，それが当期収益と対応するものであるか否かという視点から（費用収益対応の原則という），対応するものを当期の費用として認識するのである．

ここに，収益との対応関係は以下の2種類のものがある．
・直接的・個別的対応関係
・間接的・期間的対応関係

直接的・個別的対応関係とは，商品・製品の売上高とその売上原価との間に確認されるように，収益（成果）と費用（努力）との間にモノを媒介とした直接的または個別的な因果関係を確認できるような関係性のことである．

また，間接的・期間的対応関係とは，モノを媒介とした対応関係の確認を客観的に把握することは困難であるものの，収益を獲得するためには必要・不可避的かつ経常的に発生するような価値減少であり，給料や減価償却費にみられるような間接的または期間的な因果関係を確認できるような関係性のことである．

発生主義の狭義的解釈においては，ほとんどの費用項目の認識をその基礎概念で把握することができるが，現行制度でその計上が認められている引当金計

上の際に認識される費用の説明に一定の限界が指摘される．すなわち，引当金の設定は，将来の一定の価値減少を現時点で見積り，当期の費用として計上しようとするものであるところから，価値減少事実の客観的・確定的な把握という意味では自ずとその概念構成から外れてしまうのである．

引当金の計上仕訳は，

　　　　（借）○○引当金繰入額　×××　（貸）○　○　引　当　金　×××

で示されるように，借方（左側）では必ず費用の計上がなされる．

狭義説においては，このような費用計上に関して，先に触れた費用収益対応の原則をその認識根拠として用いることが一般的である．したがって，狭義説においては費用収益対応の原則が，客観的な価値減少事実項目に関してはそれらの期間帰属決定原則として，また，引当金計上のような見積りによる価値減少項目に関してはそもそもの認識原則として機能することになる．

まとめれば次のように示すことができる．

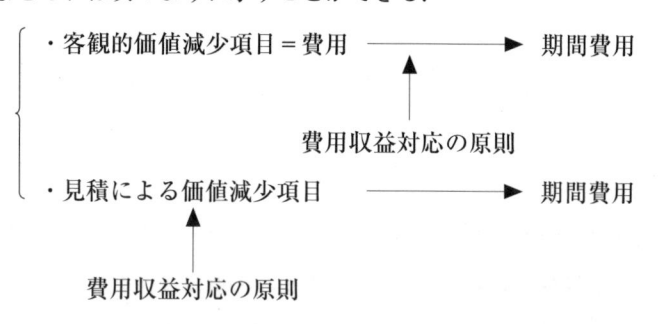

$$
\begin{cases}
\text{・客観的価値減少項目＝費用} \longrightarrow \text{期間費用} \\
 \uparrow \\
 \text{費用収益対応の原則} \\
\text{・見積による価値減少項目} \longrightarrow \text{期間費用} \\
 \uparrow \\
\text{費用収益対応の原則}
\end{cases}
$$

一方，発生主義の広義説は，費用の認識要件を価値減少事実の発生と，価値減少原因事実の発生として広くとらえる見解である．前者の価値減少事実の発生に関しては狭義説で説明した客観的価値減少項目がこれに該当する．特徴的であるのは後者の価値減少原因事実の発生というとらえ方であり，現時点で，将来の価値減少をもたらす要因としての何らかの事実が存在すれば，その存在をもってして費用を認識しようとすることを意味するものである．

この広義説では，企業の経営取引において，収益獲得に向けてなされたあら

ゆる努力行動が費用計上の認識要件を構成するという意味で非常にその対象が広くなる．先に触れたように，企業の収益（成果）と費用（努力）を因果関係面からとらえて業績を計上しようとする，適正な期間損益計算という視点からは広義に過ぎるものである．そこで，この広義説では，広くとらえた費用という概念に対して，収益との因果関係を確認するための費用収益対応の原則を適用するという方法をとる．

まとめれば次のように示すことができる．

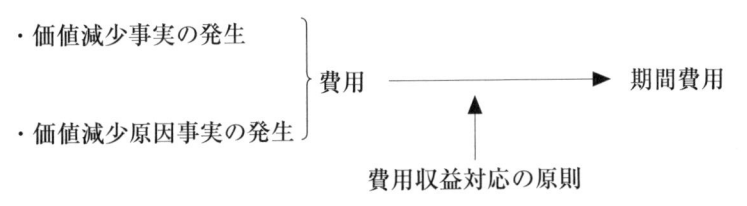

```
・価値減少事実の発生  ┐
                    ├─ 費用 ────────→ 期間費用
・価値減少原因事実の発生 ┘        ↑
                          費用収益対応の原則
```

狭義説と広義説との間の具体的相違は，各種の引当金を設定する際の借方項目としての費用のとらえ方にある．

これは第Ⅲ部でも触れたが，会計上の諸要素をどのような視点から説明するかという問題との関係でみれば，収益と費用とを中心として各種取引行為の会計的処理方法をとらえようとする会計観では，概念上の大きな相違として指摘することができる問題である．しかし一方で，近時の，資産と負債を中心とした会計観においては，むしろ貸方の負債計上の問題点として提起されるものである．第Ⅳ部第9章で概説した退職給付引当金を想起していただきたいが，退職給与引当金という項目で対応していた時代においては，それを計上するために適格である借方要素としての費用はどのようなものであるのか，また，あるべきかが重要な検討事項であった．そのような視点からの検討から，企業が負担すべき退職給付引当金はどのような性質のものであるのかという視点の検討へと移行するに際しては，従前はそれ自身が一義的に引当金計上の有無を規定する関係にあった費用項目が二義的な（派生的な）項目として処理されるに至っていることを注意すべきである．

第10章 フロー・バリュー

　会計基準の制定により，その計上額が多額にのぼることから注目されている減損会計という領域においても，そこで重視されているのは，減損損失という費用・損失の計上ではなく，減損処理の対象資産である固定資産のキャッシュ・フロー獲得能力，収益獲得能力の適正な把握であり，そこに減額分が発生した場合に「差額」として計上されるのが減損損失額であることにもこのような視点の移行が見受けられるのである．厳密には，費用計上と損失計上は分離して考察する必要があるが，収益会計と同様に，費用会計においても環境変化に応じた変化が見受けられるところである．

演・習・問・題

問1　収益の認識について説明しなさい．
問2　費用の認識について説明しなさい．
問3　税効果会計が収益認識と費用認識に与える影響について説明しなさい．

参考文献

『会計法規集〔第25版〕』中央経済社
櫻井久勝（2006）『財務会計講義』中央経済社

《推薦図書》

1. 中央青山監査法人研究センター（2004）『収益の認識—グローバル時代の理論と実務』白桃書房
　　収益の認識に関する理論上・実務上の問題点について解説．海外とわが国の比較に有用．
2. 草野真樹（2001）『利益会計論—公正価値評価と業績報告』森山書店
　　近時問題として重要視されている包括利益に関する研究書．
3. 佐藤信彦（2004）『業績報告と包括利益』白桃書房
　　損益計算書を経由せずに貸借対照表に直接記載される価値増分に関する研究書．簿記処理も詳述されている．

＃ 第 V 部
ディスクロージャーと新たな課題

第Ⅰ部
財務の基本

第Ⅴ部
ディスクロージャーと新たな課題
第11章　ディスクロージャー制度
第12章　経営財務の新たな課題

第Ⅱ部
投資意思決定

経営財務
ファイナンス

第Ⅳ部
企業価値と財務諸表

第Ⅲ部
会計の基本

第11章の要約

　会計情報は貸借対照表，損益計算書，キャッシュ・フロー計算書をもって開示される．
　キャッシュ・フロー計算書については第2章で検討しており，本章では貸借対照表・損益計算書の形式とその特徴を解説する．
　貸借対照表・損益計算書ともに，原初的な会計帳簿を基礎として作成されるものであるが，形式面（報告書としての作成方法の面）において，いくつかの工夫がなされている．ただ情報が無制約に羅列されているのではなく，明瞭な情報として理解されやすいように一定の表示原則にそって作成されていることを理解することが重要である．

第11章 ディスクロージャー制度

　第Ⅲ部でみたように，わが国の会計制度を支える法規類には，会社法，金融商品取引法，税法があり，基準類としては企業会計原則と各種具体的基準類が存在する．

　本章では，これら法規・基準類のもとで作成される財務諸表，すなわち貸借対照表，損益計算書，キャッシュ・フロー計算書の表示面の形式を個別財務諸表を例としてみていくこととする．

　まず，貸借対照表・損益計算書の作成においては，勘定式と報告式という表示形式上の2つの形式がある．

　勘定式は，複式簿記の基本構造である借方・貸方を表するT勘定の形式をもとにした表示形式であり，簡単に示せばそれぞれ次の図表11－1のようになる．

図表11－1

貸借対照表

資産の部	負債の部
	純資産の部

損益計算書

費用の部	収益の部
当期純利益	

　一方，報告式は，上から下に向かって一定の方法で計算書を作成する表示形式であり，簡単に示せばそれぞれ次の図表11－2のようになる．

図表11－2

貸借対照表

資産の部	×××
資産の部合計	×××
負債の部	×××
純資産の部	×××
負債・純資産の部合計	×××

損益計算書

収　　　益	×××
費　　　用	×××
当期純利益	×××

　一般に，貸借対照表は勘定式で，損益計算書は報告式で作成されるところから，次に，両者の形式を詳しくみることとする．

1. 貸借対照表の形式と特徴

　勘定式の貸借対照表は次の図表11－3のような構成をもつ．
　資産の部と負債の部は，基本的に流動・固定分類が採用されている（繰延資産は個別的財産価値のない，計算擬制的な特殊な資産である）．
　流動・固定分類は，正常営業循環基準と1年基準（ワン・イヤー・ルール）の併用によって分類される．すなわち，まず正常営業循環基準による流動・固定分類がなされ，続いて，正常営業循環基準によって固定項目とされたものに対して次に1年基準（ワン・イヤー・ルール）による分類がなされる．
　正常営業循環基準は，当該対象項目の企業内残留期間の長短に関係なく，当該企業における正常な営業を行ううえでの資金循環過程内にあるものを流動項目とする基準である．したがって，たとえ保有期間の長期にわたる商品，決済期日まで長期の営業債権・営業債務であっても流動資産・負債として分類される．

図表11−3 貸借対照表

(資産の部)			(負債の部)		
Ⅰ　流動資産			Ⅰ　流動負債		
現金及び預金		×××	支払手形		×××
受取手形	×××		買掛金		×××
貸倒引当金	×××	×××	短期借入金		×××
売掛金	×××		未払金		×××
貸倒引当金	×××	×××	未払費用		×××
有価証券		×××	未払法人税等		×××
商品		×××	繰延税金負債		×××
製品		×××	前受金		×××
半製品		×××	預り金		×××
原材料		×××	前受収益		×××
仕掛品		×××	引当金		
貯蔵品		×××	修繕引当金	×××	
前渡金		×××	………………	×××	×××
前払費用		×××	株主,役員又は従業員に対する短期借入金		×××
繰延税金資産		×××	従業員預り金		×××
未収収益		×××	………………		×××
株主,役員又は従業員に対する短期債権		×××	流動負債合計		×××
貸倒引当金	×××	×××	Ⅱ　固定負債		
短期貸付金	×××		社債		×××
貸倒引当金	×××	×××	長期借入金		×××
未収入金		×××	関係会社長期借入金		×××
………………		×××	長期未払金		×××
流動資産合計		×××	繰延税金負債		×××
Ⅱ　固定資産			引当金		
1　有形固定資産			退職給付引当金	×××	
建物	×××		………………	×××	×××
減価償却累計額	×××	×××	固定負債合計		×××
構築物	×××		負債合計		×××
減価償却累計額	×××	×××	(純資産の部)		
機械及び装置	×××		Ⅰ　株主資本		
減価償却累計額	×××	×××	1　資本金		×××
………………			2　資本剰余金		
土地		×××	(1)　資本準備金	×××	
建設仮勘定		×××	(2)　その他の資本剰余金	×××	×××
有形固定資産合計		×××	資本剰余金合計		×××
2　無形固定資産			3　利益剰余金		
営業権		×××	(1)　利益準備金	×××	
借地権		×××	(2)　その他の利益剰余金		
鉱業権		×××	××積立金	×××	
………………			………………	×××	
無形固定資産合計		×××	繰越利益剰余金	×××	
3　投資その他の資産			利益剰余金合計		×××
投資有価証券		×××	4　自己株式		△×××
関係会社株式		×××	株主資本合計		×××
関係会社社債		×××	Ⅱ　評価・換算差額等		
出資金		×××	1　その他有価証券評価差額金		×××
関係会社出資金		×××	2　繰延ヘッジ損益		×××
長期貸付金	×××		3　土地再評価差額金		×××
貸倒引当金	×××	×××	評価・換算差額等合計		×××
長期前払費用		×××	Ⅲ　新株予約権		×××
繰延税金資産		×××	純資産合計		×××
投資その他の資産合計		×××	負債純資産		×××
固定資産合計		×××			
Ⅲ　繰延資産					
新株発行費		×××			
………………		×××			
繰延資産合計		×××			
資産合計		×××			

第11章 ディスクロージャー制度

図表11－4

分類	期末評価基準	評価差額の処理	B/S表示 区分	B/S表示 科目	P/L表示 区分	P/L表示 科目
売買目的有価証券	時価基準	当期の損益	流動資産	有価証券	営業外損益	有価証券売却損益
					営業外損益	有価証券評価損益
満期保有目的債券	償却原価法に基づく原価基準	———	1年内満期到来：流動資産	有価証券	営業外収益	有価証券利息
			1年超満期到来：投資その他の資産	投資有価証券		
子会社株式及び関連会社株式	原価基準	———	投資その他の資産	関係会社株式	———	———
その他有価証券	時価基準	(a)全部資本直入法 評価差額を資本の部に計上 (b)部分資本直入法 評価益：資本の部に計上 評価損：当期損失	債券：1年内満期到来：流動資産	有価証券	営業外損益もしくは特別損益	投資有価証券売却損益
			債券：1年超満期到来：投資その他の資産	投資有価証券		
			その他：投資その他の資産	投資有価証券	営業外損失もしくは特別損失	投資有価証券評価損
			減損処理による評価損		特別損失	投資有価証券評価損 関係会社株式評価損

1年基準（ワン・イヤー・ルール）は，正常営業循環基準によって一度固定項目と判断されたものに対して適用される基準であり，貸借対照表日の翌日から起算して1年以内に決済期日や消滅期日を迎えるものを流動項目とする基準である．たとえば貸付金や借入金のような項目は，この基準によって流動項目か固定項目に分類されることになる．

純資産の部は，以前には資本の部と表されていたものであるが，現行の会社法によって新たに規定された表示形式である．

さらに，とくに有価証券については「金融商品に係る会計基準」によって所

図表11−5

①売買目的有価証券	時　価× CR	有価証券評価損益として処理
②満期保有目的債券	取得原価× CR	為替差損益として処理
満期保有目的債券 （償却原価法適用時）	償却原価× CR	外貨による償却額× AR： 　　　　　　利息調整額として処理 利息調整額以外の部分： 　　　　　　為替差損益として処理
③子会社・関連会社株式	取得原価× HR	
その他有価証券：時価あり	時　価× CR	全部資本直入法もしくは部分資本直入法による（償却原価法適用対象については満期保有目的債券の処理に準ずる）
その他有価証券：時価なし	取得原価× CR 償却原価× CR	

有目的別に4種類に分類し，それぞれに評価方法や表示方法が指示されている点が特徴的であり，その詳細をまとめると次のようになる．

まず，所有目的による4分類は次の通りである．

① 売買目的有価証券

時価の変動により利益をえることを目的として保有する有価証券のこと．

② 満期保有目的債券

満期まで所有する意図をもって保有する社債その他の債券のこと．

③ 子会社株式および関連会社株式

④ その他有価証券

①から③のいずれにも分類されない有価証券のこと．

そして，これら有価証券の期末時価評価と財務諸表への表示をまとめたものが図表11−4である．

また，有価証券の評価に外貨換算が関わるときには図表11−5のようにまとめることができる．

2. 損益計算書の形式と特徴

報告式の損益計算書は次のような構成をもつ．

損益計算書

Ⅰ	売上高		× × ×
Ⅱ	売上原価		
	1 商品（または製品）期首たな卸高	× × ×	
	2 当期商品仕入高	× × ×	
	（または当期製品製造原価）		
	合計	× × ×	
	3 商品（または製品）期末たな卸高	× × ×	× × ×
	売上総利益		× × ×
Ⅲ	販売費および一般管理費		
	…………………………	× × ×	
	…………………………	× × ×	
	…………………………	× × ×	× × ×
	営業利益（または営業損失）		× × ×
Ⅳ	営業外収益		
	受取利息および割引料	× × ×	
	有価証券利息	× × ×	
	受取配当金	× × ×	
	仕入割引	× × ×	
	投資不動産賃貸料	× × ×	
	…………………………	× × ×	
	…………………………	× × ×	× × ×
Ⅴ	営業外費用		
	支払利息および割引料	× × ×	
	社債利息	× × ×	
	社債発行差金償却	× × ×	
	社債発行費償却	× × ×	
	売上割引	× × ×	
	…………………………	× × ×	
	…………………………	× × ×	× × ×
	経常利益（または経常損失）		× × ×
Ⅵ	特別利益		
	前期損益修正益	× × ×	

	固定資産売却益	×× ×	
	………………………	×× ×	
	………………………	×× ×	×× ×
Ⅶ	特別損失		
	前期損益修正損	×× ×	
	固定資産売却損	×× ×	
	減損損失	×× ×	
	災害による損失	×× ×	
	………………………	×× ×	
	………………………	×× ×	×× ×
	税引前当期純利益（または純損失）		×× ×
	法人税等	×× ×	
	法人税等調整額	×× ×	×× ×
	当期純利益（または純損失）		×× ×

　貸借対照表が基本的に資産・負債の流動・固定分類を主としているのに対して，損益計算書は利益の発生源泉別分類を主としており，どのような経営活動から利益が獲得されたのかを示そうとしている点に特徴がある．また，当該会計期間の最終的な利益（純利益）の計算過程で何段階かの利益情報を提供している点も特徴的である．

　売上総利益は，当該企業のまさに中心となる，商品や製品の販売活動から獲得された利益情報を示すものであり，営業損益は，そうした中心的経営活動に付随して必要であるか，不可避的な費用を控除した利益を示している．

　この営業損益に，企業が経常的に行っている金融活動に係る損益を営業外収益・営業外費用として加減し，企業の一般的・経常的活動によるところの損益状況を経常損益として報告している．わが国の場合，企業の経営成績を判断する際，この経常損益が重視される傾向が強い．

　最後に，非経常的な価値増減を特別利益・特別損失として加減している．これらは，基本的に前期損益修正項目か，臨時損益項目から構成される．

　なお，キャッシュ・フロー計算書に関しては第Ⅲ部を参照されたい．

演・習・問・題

問1　貸借対照表の形式と作成基準について説明しなさい．
問2　損益計算書の形式と作成基準について説明しなさい．
問3　キャッシュ・フロー計算書の形式と作成基準について説明しなさい．

参考文献

『会計法規集〔第25版〕』中央経済社
櫻井久勝（2006）『財務会計講義』中央経済社

《推薦図書》

1. 斉藤静樹（2006）『企業会計とディスクロージャー』東京大学出版会
   会社法規定も踏まえた会計基準の動向を概念的・理論的かつ体系的に示した解説書．
2. 須田一幸（2005）『ディスクロージャーの戦略と効果』森山書店
   ディスクロージャーと企業価値の関係に関する数少ない実証分析による研究書．ディスクロージャーが企業によって戦略的に実施されることが解明される．
3. ベリングポイント（2003）『スピード決算マネジメント―四半期開示時代のスピード経営の実現』生産性出版
   決算・開示のスピードを高める視点からの手法解説書．

第12章の要約

　本章は，企業を取り巻く経済環境の変化や，種々の法規類の改正などの変化を受けて提起される新たな諸問題をとりあげ，それらに関する従来の解釈を確認し，もって今日的問題の所在とそこで検討されている内容を検討することを目的とする．

第12章　経営財務の新たな課題

1. コーポレート・ガバナンスとファイナンス

　コーポレート・ガバナンス（企業統治）は，企業所有者（株主）が経営者を監視する機構的なシステムを対象とする問題として議論されるものである．従来，日本の企業においては監査役を中心としたコーポレート・ガバナンスが主流であったが，商法・会社法の改正によって，アメリカ型の，社外取締役を中心とする各種の委員会が経営者を監視するかたちのコーポレート・ガバナンス（いわゆる委員会等設置会社）の導入が見受けられるようになった．

　本章は，このようなコーポレート・ガバナンスを財務の視点から検討することとする．

　株式会社には，株主，債権者，従業員，消費者，地域社会（住民），規制当局などといったさまざまな利害関係者，すなわちステークホルダーが存在し，企業活動に直接・間接に何らかの意思決定を行うことを通して影響を及ぼしているとみることができる．従来より，株式会社は誰のものであるかといった議論はさまざまな視点から展開されてきたが，経済的利害関係という視点から考えた場合，企業行動において発生する経済的リスクの負担者として，また，法規制における最終的責任負担者として株主（現在株主）を株式会社の所有者としてみなすことが一般的である．これは，資本主義システムや株式会社特有の株主有限責任制との関係からも肯定されるものである．

　具体的には，企業が創出する富が誰に帰属するのか，視点を変えれば，各種利害関係者は企業が創出した富に対してどのような立場からどのような請求権（持分）を有しているのかという視点からも，株主を最終的なリスク負担者として理解することができる．企業が創出した富，たとえば財務の視点から重視される獲得されたキャッシュ・フローは，債権者に対する金利の支払い，従業員に対する給与等の支払い，規制当局への各種税金の支払い等というかたちで社外流出する．会計制度上も，これら流出部分を費用計上した後の残余とし

て利益が計算され，この残余利益部分が株主に対する最終帰属部分となる．このことは，株主以外の利害関係者に対するキャッシュ・アウトフローが先行していること，そして，そのキャッシュ・アウトフローの多くが各種の契約や法律によって確定していることも考えあわせると，株主以外の持分が株主の有する持分に優先していることを意味し，結果として株主へのキャッシュ・アウトフローは企業業績に左右される性質のものであるとともに最後に位置するものであることを意味するものである．ここに，株主が企業経営の経済的利害に関する最終的なリスク負担者とみることができる要因がある．

一方で，大企業におけるいわゆる所有と経営の分離を所与とすると，株主が企業に対して拠出した資金の適正な管理・運用を巡って，株主と経営者の間には，財産の委託・受託の関係が派生することとなる．

大企業における，このような関係，すなわち株主をプリンシパル―委託者―，経営者をエージェント―代理人―とする関係はエージェンシー関係と称され，企業財務の理論は従来よりこの視点から展開されてきた．

そこでは，経営者は株主のエージェント―代理人―として，企業価値の増殖，ひいては株主価値の最大化のために行動するものとして想定されている．換言すれば経営者の行動目的と株主が求める利益が一義的なものとして想定されているのである．しかし，実際の企業行動では両者は必ずしも一致するとは限らず，むしろ一致しないことの方が多く観察される．たとえば，一見すると企業価値創造につながると思われるようなものの，株主価値の増大にはつながりにくい企業行動（短絡的な規模の拡大，ブランド価値向上に関連するとは限らない多額支出をともなうイベントの開催，本社など施設の豪奢な改築など）がそれに該当するものである．こうした不一致が生じた場合，両者の利害の衝突から生じる企業価値低下を抽象的にエージェンシー・コストという．

エージェンシー・コストが発生する要因には多種のものが考えれるが，その代表的なものとして指摘されるものに，株主による経営者の監視・監督不足（制度的な不備もしくは能力的不備）および情報の非対称性があげられる．ま

た，これらのエージェンシー問題を解決するためにとられる行動に関連して発生するコストもエージェンシー・コストに含めて考えるのが一般的である．

エージェンシー関係からみた財務の問題は，利害関係の視点から，企業財務構成の視点から，さらに配当政策の関係から次のようにとらえることができる．

まず経済的利害関係の視点からは，株主と経営者の利害関係，株主と債権者の利害関係からみることができる．株主と経営者の間におけるエージェンシー問題は，創出価値の帰属面からとらえることができる．経営者がキャッシュ・フローの現在割引価値に見合わない投資行動を自らの地位向上のためや企業規模拡大のためにとるような場合，企業全体でみた場合の企業価値向上，株主価値向上は阻害されることになるのである．

株主と債権者の間におけるエージェンシー問題も創出価値の帰属面からとらえることができるが，これはより制度的問題をはらむ関係としてとらえることができる．すなわち，株主に最終的に帰属する価値（利益）の算出前に債権者に対する利子の支払いが計上されるという意味において，企業価値に対する両者の請求権としての利害関係は本来的に対立するものなのである．財務的に負債依存率の高い場合，創出された価値は優先的に債権者に対して流出し残余としての株主帰属部分が阻害されることが想定されるし，その元利返済を越えた価値創出を目的として投機的行動がとられた場合には，そのリスクの高さから結果として返済不履行になった場合も企業財産に関する請求権は法によって債権者が先行するところからもこの両者におけるエージェンシー問題は発生する可能性が高いのである．

次に企業財務構成の視点からであるが，これも株主と経営者の利害関係，株主と債権者の利害関係からみることができる．株主と経営者の間におけるエージェンシー問題は，財務構成の視点からみた場合，負債比率が高いほうがエージェンシー・コストは低くなる傾向があるといえる．負債依存率が高いということは債務不履行による倒産リスクに備えた慎重な経営が選択される傾向があるということや，銀行など債権者による企業監視が強まることからも結果とし

て企業財産の社外流出が抑制されることになる．また，同規模の財務状態を想定した場合，負債依存率が高いということはそれだけ株式発行が相対的に低いことを意味するのであり，特定株主と経営者の利害が一致しやすいという傾向をみることができるのである．

　株主と債権者の間におけるエージェンシー問題は負債依存率が高いとエージェンシー・コストを発生しやすいと解することができる．先にも触れたように，負債依存率が高い場合，リスクの高い投資行動がとられる傾向が見受けられるが，債権者はこれに対抗して財務構成・運用に関して制限条項の履行を求めることが想定される．ここにコストの発生が生じることとなり，結果として株主と債権者の間のエージェンシー・コストが増加することになるのである．

　最後に，配当政策の関係からであるが，株主と経営者の間には配当性向が高いほどエージェンシー・コストは低下するとみることができる．すなわち，配当性向が高いことが（正当なものであるとして）資本市場で好感され，結果として企業の資金調達能力が高まることでそれに見合った積極的情報開示が期待される．先に触れた情報の非対称性という意味でのエージェンシー・コストの低下がみられるのである．また，高い配当性向をキャッシュ・フローと関係させて考えると，経営者にとってはキャッシュ・フローに関する一定の裁量抑制が働くことになるので企業財産に対する株主持分が維持されるという意味でもエージェンシー・コストは低下するのである．

　株主と債権者の間には，高い配当性向はエージェンシー・コストの増加をもたらすことになる．これは，先にも触れたように両者の間における基本的な利害衝突の関係から容易に理解できよう．

　このようなエージェンシー関係におけるエージェンシー・コスト低減をひとつの目的として株主は，経営者が自己の利益をもっぱらとすることのないように経営者の行動を監視する必要が生ずることになる．従来より，こうした監視のシステムをコーポレート・ガバナンスと称してきたのである．

　そこで次に，法制度の視点からのコーポレート・ガバナンスの形態を概観し，

そのうえで財務の視点からコーポレート・ガバナンスの意義を確認することとする．

　従来，日本におけるコーポレート・ガバナンスは，株式会社の最高意思決定機関であった株主総会で取締役と監査役が選任され，取締役は企業活動を通して企業価値向上につとめ，監査役はその取締役の経営行動を監視するといったシステムが採られていた．このシステムは株式の相互持合を背景とする企業の相互依存的な体制のもとでは，たとえば，株主総会メンバーである株主が持合株主であるところから派生する経営者指向的な運営や，当該企業と密接な関係（特定利害関係）のある監査役の就任によるチェック体制の甘さといったマイナス要因を排除することができず，企業経営に対する不信が発生しうるといった現状を容認しかねないものとして問題視されてきた．企業価値向上という概念も，それが株主指向的なものとは解されず，低収益であっても安定したパフォーマンスを優先するといったぬるま湯的発想が追認されたうえでのものと解されてきた．

　近時の国際的競争力強化，規制緩和による企業の自律的強化を背景として，2003年商法改正では，一定規模の会社（資本金5億円以上または負債総額200億円以上の大会社）については，従来の日本型コーポレート・ガバナンスに代えて委員会等設置会社と称されるアメリカ型コーポレート・ガバナンスの導入が可能とされるに至った．

　その概要を簡潔に示すと，従来の監査役に代わって，取締役会が選任する以下の3種の委員会が経営者行動を監視する組織として設定されるところに特徴がある．

・監査委員会…従来の監査役業務を執行する
・指名委員会…取締役の選任・解任に関する株主総会議案を決定する
・報酬委員会…取締役の報酬を決定する

　ここに，各種委員会は3名以上で構成されること，および各種委員会の過半数は社外取締役が占めていなくてはならないことが規定されている点が従前と

は大きく異なる特徴として指摘されるところである．すなわち，独立した第三者としての視点から企業行動を監視し，もって企業価値の向上に資することが目的とされたのである．

また，委員会等設置会社の日常の継続的業務は取締役会が選任した執行役が行うこととされ，経営の執行とその監視を分離することで，さらに経営の透明性を高めるべく制度設計がなされているのである．

経営の透明性向上が財務の視点からどのような意義を有するかをみると，そこにはこれからの日本の企業の効率的・自律的財務政策の実現が期待されていることがわかる．

2. M&Aと財務管理

バブル崩壊後，統計的に安定的経済成長期に入ったといわれるようになって以来，M&Aが重要な経営戦略としてとりあげられてきた．

ここでは，M&Aの意義を確認したうえで，財務の視点からその意思決定のありようと効果を解説するものとする．

M&AはMerger―合併―とAcquisition―取得―をあわせた表現である．合併とは契約に基づき複数の企業が1つの企業となる行為のことであり，形態としては新設合併と吸収合併とに大別される．前者は複数の企業が1つの企業になる際，既存企業が全て消滅し，1つになった企業が新しい企業として新設されるものである．後者は1つの企業が他の（複数）企業を吸収する形態で複数会社が1つになるものであり，吸収された企業が消滅する形態のものである．会社法上は旧商法で規制の多かった法律上の取扱いが緩和され，企業再編の流動性が高まったことにより従前よりも合併手続が緩やかとなった．会計的には企業結合会計基準によって会計処理方法が整理され，わが国の合併に関する法規・基準類は整備されてきているといえる．しかし，わが国の会計基準では合併に関する会計処理方法として，原則として被合併会社の資産・負債を時価評価して処理するパーチェス法という方法を規定しているが，それが対等合

併と判断される場合には被合併会社の資産・負債を簿価のまま処理する持分プーリング法が認められている点が国際的な標準処理と大きく異なる．国際的にはパーチェス法一本化が主流であり，今後のコンバージェンス問題（第8章を参照していただきたい）においては，この流れに沿ったかたちで基準修正がなされていくものと思われる．

ここに両者の特徴をまとめると以下のようになる．

会計処理	資産負債の評価	増加資本金	のれん
パーチェス法	時　　価	交付株式の時価	計上する
持分プーリング法	簿　　価	資本を引き継ぐ	計上しない

一方，取得とは，対象となる企業の経営支配権の全部または一部を取得する行為のことであり，その多くは対象企業の株式または資産の取得という形式で行われるものである．株式取得の場合，被買収企業の発行済株式総数のうち形式的に議決権過半数が取得された場合には取得側が親会社，被取得側が子会社と称され，会計上，連結企業として連結財務諸表作成企業となる（実際にはわが国の連結会計では実質基準が採用されており，発行済株式の過半数取得がなされていない場合でも，資金，営業，人事などの面で支配関係があると判断された場合には当該企業は親会社・子会社関係として分類される）．

この株式取得行為に関しては，また，友好的M&A，敵対的M&Aという用語でその取引形態を表すことがあるが，これは，対象企業経営者の合意を得たうえでの行為を前者で，合意を得ていない場合の行為を後者で表現するものである．

さらに，「企業結合に係る会計基準」に基づいて，企業結合という表現が用いられることがあるが，当該基準で用いられる企業結合には以下の形態が含意されていることに注意されたい．すなわち，企業結合とは「ある企業（事業体）又はある企業を構成する事業と，他の企業（事業体）又は他の企業を構成する事業とが，一つの報告単位に統合されること」をいうのであり，具体的には次のような取引がこれに当たる．

① 合併（吸収合併および新設合併）
② 会社分割：企業の事業の一部を移転することにより2つ以上の会社に分割する取引
③ 株式交換：株式交換により2つ以上の会社が完全親会社・完全子会社となる取引
④ 株式移転：純粋持株会社を新設して，完全親会社・完全子会社となる取引
⑤ 共同支配企業の形成：複数の企業が，ある企業を共同で支配する取引（合弁会社）
⑥ 子会社株式の取得：他の会社を子会社として支配する取引

このうち①〜⑤には企業結合会計基準が適用され，⑥には連結財務諸表原則が適用されることになる．

M&Aを財務的な意思決定の視点から検討する場合には，以下のいくつかの視点が提起されることになる．

(1) 株価の極大化を目的とする意思決定

これは，当該企業の高い株価，高い株価収益率を背景として，法律上規制が緩和され認められた株式交換の手法を用いて本来の営業目的との関係の有無にかかわらずM&Aを展開するパターンである．そこでの財務戦略は高株価を手法として利用した高成長というイメージ効果の結果であり，事業規模の拡大にあると指摘されるところである．わが国では新興IT関連企業に見受けられる手法であり，企業の経済価値向上や主たる営業活動の強化，さらには株主価値の向上を目指したものであるか否かの判断は困難な場合もある．

(2) 新規投資に代わる裁定取引としての意思決定

これは，当該企業が新規投資を判断する際に，実物経済として新規に経営資源（設備など）を調達するという行為と，必要とする経営資源が集合体として

すでに構築されている企業を取得するという行為との選択肢の問題として理解されるものである．

　先にみてきたように，投資意思決定は，基本的に当該投資に関するキャッシュ・アウトフローと，そこから得られるであろうキャッシュイン・フローの現在割引価値の計算からなされる．ここに，必要とする経営資源を実物経済市場で新規に調達する方法との比較においてM&Aが選択肢に加えられたものと解することがこの意思決定である．必要とする経営資源をすでに経験的に集合・構築している既存企業の取得は，新規に経営資源を調達する場合に比べて，新資源の実質的運用までの時間を節約できたり，すでに運用されているという経験の蓄積をリスク込みの運用実体として利用することができたりといったメリットがある．

　適切な経済性計算の結果，新規に経営資源を調達し自らの企業のノウハウや技術で構築していくよりも合理性が認められる場合，裁量的意思決定によりM&Aによる経営資源の取得が選択されるものとして解することができる．

(3) シナジー効果を期待した意思決定

　既存の複数企業がそれぞれ独自に存在したままで経営を続けていたとして，その領域で一定のパフォーマンスをあげることができる場合でも，それらがひとつになることによってコスト削減期待，増収期待などのシナジー効果が期待される場合，M&Aへの意思決定要因となる．経営学的な視点から説明される水平統合，垂直統合などのさまざまな形態，さらには国内企業にとどまらず海外企業に対してもシナジー効果が期待される場合には財務的視点から重要な戦略の1つであるといえる．

(4) その他の財務的視点からの意思決定

　フリー・キャッシュ・フローの活用としてM&Aが選択されることが考えられる．最近の株主価値を意識した財務的判断においては，多額のキャッシュ

を保有することそれ自体がM&Aの被対象として狙われかねない状況を生み出した．キャッシュのだぶつき（過度の保有）を，配当性向を高めたり，自社株式を購入したりして創出価値の株主への還元として用いるという財務的判断もあるが，それが適正規模を越えた場合の選択肢のひとつとして既存優良企業へのM&Aが株主価値向上の一手段として選択されることがある．

また，政策的判断によるところが大きいものであるが，企業の財務諸表数値の向上，改善のために行われるM&Aの存在も否定できないものである．M&A市場が未成熟なわが国においては，対象企業の財務構成，イメージなどによってはM&A行為（なかでも資産や営業の一部取得）が好感され，株価の上昇をもたらすなどの財務的効果が見受けられる．

以上のようにM&Aに関してはさまざまな財務的視点からの意思決定要因が存在するが，それらをまとめると次の諸点を指摘することができる．

・M&Aにより，新規経営資源の取得よりも短期に投資効果を期待することができる．
・その意味で，外部での資本運用成果を当該企業の内部的な財務に効率的に取り込むことが可能である．
・投資意思決定においてシナジー効果が期待できる案件として選択肢が広がる．
・その意味で，成熟市場での新規投資リスクを抑えることができる．

3. 行動ファイナンス

行動ファイナンスは，認知心理学を背景として，投資家を単に合理的行動にのみ支配・制約されたものとしてみなすのではなく，人間としての判断能力の限界やさまざまな環境要因に影響を受けた心理的な葛藤によって合理的判断を欠く場合もあるというものとしてとらえ，その視点から伝統的な財務に係る理論を構築・修正しようとする理論領域をさす用語である．

先の章で紹介したポートフォリオや財務政策の展開では，投資者（企業とと

らえることも可能である）は，参加する市場についての情報を全て入手し，そのうえで適正かつ厳密な合理的意思決定を行ったうえで行動するという前提のもとに措定されていた．しかし，投資行動を行うものを人間としてとらえた場合，上に指摘したような諸要因によって，そこには判断のブレ，合理性を欠く行動もあることが認められるとするものである．

行動ファイナンスの領域は1970年代頃から構築され，心理的要因のモデル化を試みることによって伝統的な財務理論では説明が困難であったものや，想定していなかった現象の解明に寄与してきた（2002年，行動ファイナンスを構築した学者の一人であるカーネマンは，その功績によってノーベル経済学賞を受賞している）．

現在，行動ファイナンスの領域は，先に述べた認知心理学を背景としたミクロ行動ファイナンスと，社会心理学を背景としたマクロ行動ファイナンスという大きく2つの系統として分類されるにいたっている．

ミクロ行動ファイナンスは，人間の個人的な感情，心的葛藤が投資行動にいかなる影響を及ぼすかを分析するものであり，マクロ行動ファイナンスは人間と人間のコミュニケーション能力や社会的関係性が投資行動にいかなる影響を及ぼすかを分析するものである．

ここでは，本シリーズで展開してきた経営財務の内容，および投資行動に関する内容と関係の深い，ミクロ行動ファイナンスを中心としてその内容を解説することとする．

伝統的な財務理論では，全ての情報を入手したうえで常に合理的な行動をとることが所与とされてきたが，その判断のタイミングによっては，人間は本来ならば厳密かつ慎重な判断が必要な案件であっても感情的もしくは直感的な判断を下す可能性があることが容易に想定できる．こうした直裁的行動は，判断の厳密性・正確性を求めるためのコストと，それら思考にかかるコストとのトレードオフに関する，一定の解決策としてなされる認知方法としてはそれ自身に合理性があると考えられている．こうした行動は結果として，人間の判断・

行動にある種のバイアスを生じさせることになる．

　こうしたバイアスとして行動ファイナンスの領域では，利用可能性・初頭効果・親近効果・係留などをその例として提示している．以下，それぞれの概要を示す．

　利用可能性とは，特定の状況下で自分にとって想定しやすい事象に対して，その実際よりも過大な評価を与える傾向があることをさすものである．

　初頭効果とは，初めに示されたこと，初めに認識したことの方が，その後に示されたり認識されたりしたことよりも思考・判断に大きな影響を及ぼす傾向のことをさすものである．

　親近効果とは，古く以前に認識・経験したことよりも，最近，最新に認識・経験したことに関する情報を頭のなかで引きだしやすいという傾向をさすものである．

　最後の係留とは，数量的な評価をなす際に，諸環境や問題設定の方法によってはブレる傾向があることをさすものである．

　このようなさまざまな要因から，行動ファイナンスでは伝統的ファイナンスに対するものとして，認知心理学を背景に現実的モデルを提唱するのである．その内容は，総じて価値関数と称されるもので，

・人間にとっての効用は，人間がある物事を判断・評価する際に基準としている点（これを参照点と称する）からの乖離の程度によってはかられるのであり，伝統的理論が措定していた効用の絶対量ではない．
・人間の心理的要因として，限界的な利得と限界的な損失のうち，後者の限界的損失をより一層深刻な問題として受け止める．
・利得または損失が，上記に示した参照点から乖離すればするほど，その変動から生じる価値の変化幅は小さくなる．

という特質を有するものと説明される．

　これを伝統的効用関数との比較に置いて図表化すると次のように示すことができる．

【伝統的な効用関数】

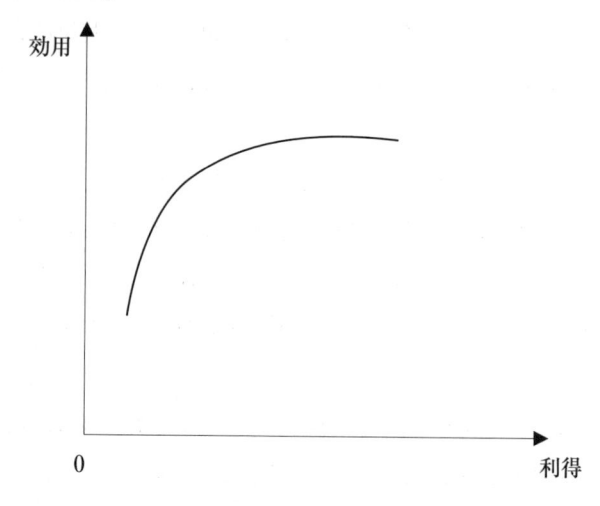

縦軸：効用、横軸：利得

【行動ファイナンスによる価値関数】

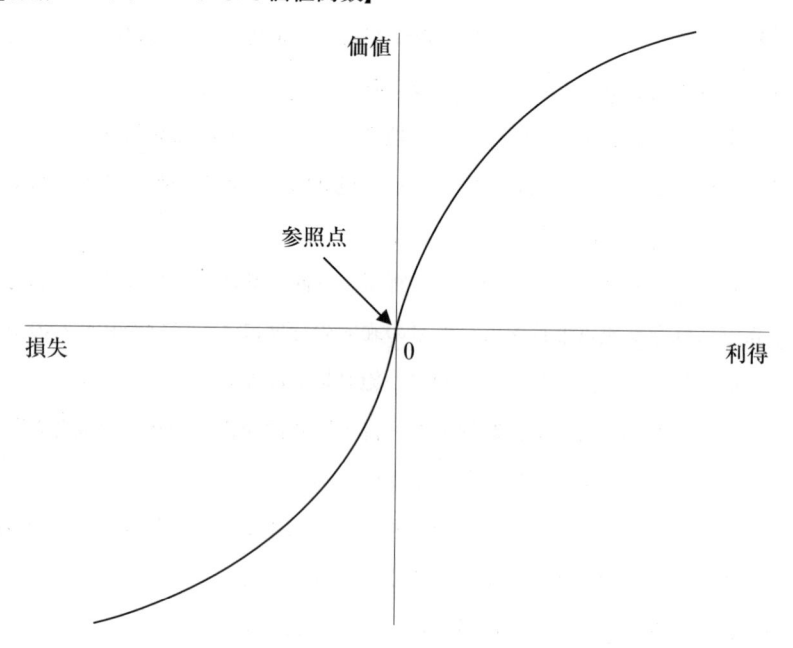

縦軸：価値、横軸：損失／利得、原点付近に「参照点」

価値関数によれば，参照点からみて利得が発生しているときには人間は損失を回避する傾向の行動をとり，逆に参照点からみて損失が発生しているときに

は人間はリスク指向的な傾向の行動をとるという仮説をみることができる．こうした仮説はさまざまな実験を通して実証レベルでの研究も進んでいるところから，伝統的財務理論への修正を提示するものとしてその精緻化が期待されるものである．

演・習・問・題

問1 コーポレート・ガバナンスの内容と現在のわが国における特質を説明しなさい．
問2 M&Aの形態と，財務管理の必要性に関する関係について説明しなさい．
問3 行動ファイナンスという領域が指向するものを説明しなさい．

参考文献

Goldberg, J. Rüdiger von Nitzsch (2001) *Behavioral Finance*, Willey Finance.（行動ファイナンス研究会訳『行動ファイナンス―市場の非合理性を解き明かす新しい金融理論』ダイヤモンド社，2002年）

グロービス・マネジメント・インスティテュート (2005)『MBAファイナンス』ダイヤモンド社

山澤光太郎 (2005)『ビジネスマンのためのファイナンス入門』東洋経済新報社

井手正介・高橋文郎 (2006)『ビジネスゼミナール　経営財務入門』日本経済新聞社

Lichard, A. B., Stewart, C. M. and Franklin A. (2006) *Principles of Corporate Finance*, The McGraw-Hill.（藤井眞理子・国枝繁樹訳『コーポレートファイナンス（第8版）』日経BP社，2007年）

《推薦図書》

1. 日本経営財務研究学会編集 (1997)『経営財務研究の新潮流』中央経済社
   わが国における財務研究の潮流を確認するための基本書．
2. 小山泰宏 (2000)『M&A・投資のためのDCF企業評価』中央経済社
   M&Aに係る投資や企業の時価評価方法を紹介する解説書．実務上の視点からも充実した解説がなされる．
3. Nofsinger, J. (2002) *The Psychology of Investing*, Prentice Hall.（大前恵

一朗訳『最新行動ファイナンス入門』ピアソン・エデュケーション，2002年）

　行動ファイナンスを解説した入門的テキスト．日常的な事例が豊富で理解の一助となる．

索　引

あ行
IOSCO　116
圧縮記帳　131
後入先出法　129
アメリカ型コーポレート・ガバナンス　182
アメリカ証券取引委員会　124
安全性分析　54
委員会等設置会社　182, 183
意思決定との関連性　102
意思決定有用性アプローチ　94
一時差異　150
1年基準　170
移動平均法　129
インカム・ゲイン　42
売上総利益　175
売建　61
　　──先物　61
売戻し条件付現先　24
運転資本　14
営業活動によるキャッシュ・フロー　25
営業損益　175
エクイティファイナンス　5, 7
エージェンシー関係　180
エージェンシー・コスト　179
エージェンシー問題　180
エージェント　179
SPC　10
M&A　183
MM理論　56
欧州証券規制当局委員会　123
オプション取引　62
オペレーティング・リース　135
　　──取引　135

か行
外貨換算　173
会計基準　77
　　──のコンバージェンスに向けて（意見書）
　　　　125-6
会計情報　50
会計ビッグバン　79, 118
会計目的観　94
会社分割　185
会社法　73, 74
回収価値　11
回収期間　11
買建　61
　　──先物　61
買戻　61
過去勤務債務　143, 144
加重平均資本コスト（WACC）　42

合併　185
株価収益率　8
株価水準　8
株式移転　185
株式交換　185
株式発行　7
株主重視　7
株主有限責任制　74
株主割当　7
貨幣係数　19
貨幣資本　111
貨幣性資産　159
貨幣の時間価値　18
為替差損益　27
監査委員会　182
監査役　182
勘定式　169, 170
間接金融　4
　　──市場　4
間接的・期間的対応関係　163
間接法　28
完全性　101
関連会社株式　173
機会費用　14
企業会計基準委員会　79, 121
企業会計原則・同注解　79
企業会計審議会　76, 77
企業外部環境リスク　41
企業統合会計基準　183
企業統治　178
企業内部環境リスク　41
期待運用収益　145
期待収益率　40
キャッシュ　24
　　──・アウトフロー　36
　　──・インフロー　35
　　──・フロー　14, 23
　　──・フロー計算書　24, 76, 169
　　──・フロー予測　14
キャピタル・ゲイン　42
業績指標概念　109
協調融資　10
勤務費用　142
金融商品取引法　73
金融制度改革　119
金利スワップ　64
金利リスク　41
繰越欠損金　155
繰延資産　141
繰延ヘッジ　65
繰延法　149
グローバル・スタンダード　118

193

索　引

経済的意思決定　93
経済的便益の流出入の蓋然性　111
経常損益　175
継続記録法　129
継続性の原則　79, 88
係留　189
原価　111
現価係数　22
減価償却　133
　——累計額　12
現金　24
　——主義　157, 161
　——同等物　24
現在価値（PV）　111
減損会計　166
減損損失　12
コア・スタンダード　117
工事進行基準　162
公社債投資信託　24
行動ファイナンス　187
公募割当　7
子会社株式　173
国際会計基準　98, 115
　——委員会　115
　——理事会　115, 122
国際財務報告基準　115
個別財務諸表　76
個別法　129
コーポレート・ガバナンス　178
コーポレート・ファイナンス　39
コマーシャル・ペーパー　24
コール・オプション　62
コンバージェンス・プロジェクト　122

さ行

財団法人財務会計基準機構　121
最適資本構成　54
再評価剰余金　111
財務会計基準理事会　122
財務会計の概念フレームワーク　82
財務活動によるキャッシュ・フロー　26
財務諸表規則　76
　——ガイドライン　76
財務諸表の比較可能性プロジェクト　117
財務政策　54
財務的リスク　41
財務リストラ　7
財務レバレッジ　56
先入先出法　130
先物取引　60
CAPM　44
時価発行増資　7
時価ヘッジ　65
事業税　43
事業モデル　21
事業リスク　41

資金源泉　54
資金調達　3
自己資本比率　6, 44
事後テスト　68
資産　107
　——担保証券　9, 10
　——の部　170
　——・負債アプローチ　105, 149
　——・負債の評価規定　74
　——負債法　149
事前テスト　68
実現可能（決済）価額　111
実現主義　157
実効税率　43, 150
実質優先主義　101
実体資本　111
質的特性のトレード・オフ　100
実物経済　160
シナジー効果　186
資本維持修正額　111
資本維持と資本維持修正　111
資本概念　75
資本コスト（Cost of Capital）　39
資本取引・損益取引区分の原則　86
資本の維持拘束性　74
資本の運用　11
指名委員会　182
社会的承認　12
収益　107
　——会計　157
　——・費用アプローチ　104, 149
住民税　43
重要性の原則　91
受託責任　94
取得原価　111
純資産　109
純利益　109, 175
　——概念　109
償却限度超過額　151
証券監督者国際機構　116
証券取引法　73
譲渡性預金　24
商法　73
　——改正　9
情報の非対称性　179
正味現在価値　13
将来加算一時差異　150
将来価値（FV）　18, 19
将来減算一時差異　150, 151
将来の経済的便益　107
使用・利用目的保有資産　130
初頭効果　189
新株予約権付社債　9
親近効果　189
シンジケートローン　10
真実性の原則　79, 83

慎重性　101
信用リスク　41
信頼性　99, 102
数理計算上の差異　144
ストック・バリュー　129
ステークホルダー　178
スワップ　64
　　――取引　64
正規の簿記の原則　79, 85
税効果会計　148
正常営業循環基準　170, 172
税引後当期純利益　148
税引前当期純利益　148
税法　73
総額主義の原則　86
総合償却　133
総平均法　130
その他有価証券　173
ソフトウェア　137, 138
　　――償却費　139
損益計算書　169, 173

た行

第三者割当　7
貸借対照表　169, 170
退職給付債務　144
退職給付引当金　141, 144
退職給付費用　144
退職給付見込額　142
棚卸計算法　129
棚卸減耗損　130
棚卸資産　129, 130
　　――会計　129
単一性の原則　79, 91
短期性預金　24
注記　88
中立性　101
調達源泉　3
調和化　116
直接金融　4
　　――市場　4
直接的・個別的対応関係　163
直接法　28
低価法　130
定期預金　24
ディスクロージャー制度　75, 78, 169
適時性　100
デット　54
　　――ファイナンス　7
デリバティブ　60
転換社債　9
　　――型新株予約権付社債　9
伝統的ファイナンス　189
転売　61
統一化・画一化　117
投下資本利益率　12

「討議資料　概説フレームワーク」　92
当座借越残高　24
投資活動によるキャッシュ・フロー　26
投資のポジション　93
同等性評価　123
特定目的会社　10
トライアングル・システム　73

な行

内的な整合性　102
2009年問題　123
日本型コーポレート・ガバナンス　182
日本の会計基準　101
ネットキャッシュ　15
年金原価係数　22
年金資産　144
ノーフォーク合意　122
のれん　137
ノンキャンセラブル　135

は行

バイアス　189
配当可能利益計算規定　74
配当政策　55
売買目的有価証券　173
パーチェス法　183, 184
発生主義　157, 161
　　――狭義説　165
　　――広義説　165
パブリック・セクター　116
販売基準　158
BIS　6
比較可能性　99
ピースミールアプローチ　79
費用　107
　　――会計　162
　　――計上基準　162
　　――収益対応の原則　163
評価損益　161
表現上の忠実性　100
ファイナンス・リース　135
ファイナンス・リース取引　135
負債　107
　　――の部　170
　　――比率　180
附属明細書　76
プット・オプション　62
プライベート・セクター　116
フリー・キャッシュ・フロー　15
フリー・フェア・グローバル　119
プリンシパル　179
フルペイアウト　135
プロジェクト計画表　126
フロー・バリュー　148
分散投資　51
ヘッジ　64

195

──会計　64
──手段　64
──対象　64
──取引　64
便益・コストのバランス　100
包括利益　108
報告式　169, 170
報酬委員会　182
法人税　43
補完措置　123
保守主義の原則　79, 90
ポートフォリオ　50

ま行

埋没費用　14
マクロ行動ファイナンス　188
マーケットリスク　51
満期保有目的債券　173
ミクロ行動ファイナンス　188
未認識過去勤務債務　144
無形固定資産　137
明瞭性の原則　79, 87
メインバンク　4
目的適合性　98
持分　107
　　──プーリング法　184

や行

有価証券届出書　75
有価証券報告書　75
有形固定資産　130
ユニークリスク　51

ら行

利益処分計算書　76
理解可能性　98
リサイクル　109
リスク　49
　　──から解放された投資の成果　109
　　──指向的　191
　　──フリー・レート　40
　　──プレミアム　41
リース取引　135
リターン　49
流動・固定分類　170
流動資産・負債　170
利用可能性　189
REIT 証券　10
レッサー　135
レッシー　135
連結キャッシュ・フロー計算書　76
連結財務諸表　76
　　──規則　76
　　──規則ガイドライン　76
連結剰余金計算書　76
連結損益計算書　76
連結貸借対照表　76

わ行

WACC　42
ワラント債　9
割当て方法　7
割引計算　39
ワン・イヤー・ルール　170

マネジメント基本全集7　経営財務（ファイナンス）

2007年9月20日　第一版第一刷発行

著者　大倉　学
　　　倉木　基史
　　　鈴　　　　
監修者　根本　孝
　　　　茂垣　広志
発行者　田中千津子

発行所　株式会社　学文社

〒153-0064　東京都目黒区下目黒3-6-1
電話(3715)1501代・振替00130-9-98842

（落丁・乱丁の場合は本社でお取替します）　・検印省略
（定価はカバーに表示してあります）　印刷/新灯印刷株式会社
Ⓒ2007 Ohkura Manabu Printed in Japan　ISBN978-4-7620-1492-5